法律专家为民说法系列丛书

法律专家

教您如何谨慎担保

曹泽伟 编著

吉林文史出版社

图书在版编目（CIP）数据

法律专家教您如何谨慎担保 / 曹泽伟编著. — 长春:
吉林文史出版社，2013.9（2018.1 重印）
（法律专家为民说法系列丛书 / 刘岩主编）
ISBN 978-7-5472-1692-7

Ⅰ.①法… Ⅱ.①曹… Ⅲ.①担保法 – 基本知识 – 中
国 Ⅳ.① D923.2

中国版本图书馆 CIP 数据核字（2013）第 222353 号

丛 书 名	法律专家为民说法系列丛书

书　　名	**法律专家教您如何谨慎担保**

编　　著	曹泽伟
责任编辑	李相梅
责任校对	宋茜茜
封面设计	清　风
美术编辑	李丽薇
出版发行	吉林文史出版社
地　　址	长春市人民大街 4646 号　邮编：130021
网　　址	www.jlws.com.cn
印　　刷	北京一鑫印务有限责任公司
开　　本	720mm×1000mm　1/16
印　　张	12
字　　数	100 千
版　　次	2018 年 1 月第 2 次印刷
书　　号	ISBN 978-7-5472-1692-7
定　　价	29.80 元

法律专家为民说法系列丛书

编委会

主　编

刘　岩

副主编

马宏霞　　孙志彤

编　委

迟　哲	赵　溪	刘　放	郝　义
迟海英	万　菲	秦小佳	王　伟
于秀生	李丽薇	张　萌	胡金明
金　昊	宋英梅	张海洋	韩　丹
刘思研	邢海霞	徐　欣	侯婧文
胡　楠	李春兰	李俊焘	刘　岩
刘　洋	高金凤	蒋琳琳	边德明

PREFACE

【前言】

随着市场经济的蓬勃发展,无论是个人之间还是企业之间的资金流通和商品流通都大大加快,涉及的金额也非往日可比。人们从资金流通和商品流通中收获利益的同时,也承担着巨大的风险,巨大的交易量和往来关系也加大了信息收集的难度,我们已经很难了解每个交易对手的所有信息,交易对手身上背负的债务越多,在其财力一定的情况下,对每笔债务的履行能力就会越弱,为了保证某一特定债权人债权的实现,法律规定了担保制度。

让我们先看一下,在没有担保的情况下,如果债务人资不抵债了,债权人将遭受怎样的损失。甲乙丙丁四家银行每家借给 A 公司 100 万,现在 A 公司破产了,经过清算,剩余财产总共价值 40 万,那么甲乙丙丁四家银行只能平均分配,每家 10 万,本金就亏损了 90 万。如果甲银行要求 A 公司以价值20万的办公楼做抵押并办理了抵押手续，那么甲银行就能就那20万优先受偿，这种情况下，甲公司先获得20万，剩余80万与乙丙丁三家银行的300万在A公司剩余的20万财产上按比例分配，那么甲公司能获得24万左右，减少了损失。

担保有很多种方式，如果是第三人为债务人提供担保，那就等于是加了一道保险，如果债务人无力清偿债务，那么，债权人就可以向提供担保的第三人主张；如果是债务人以自己的财产提供担保，那就相当于债权人有了一个特定的保障，债务人提供的担保财产价值多少，债权人到时候就至少能得到多少。可以看出，担保在保障资金安全或财产安全方面有着无可替代的作用，但从另一方面看，担保使担保人承担了额外的负担，同时也可能影响到其他债权人权利的实现，因此法律对担保的设立做了严格的规定，只有在按照法律规定的方式和程序下设立的担保才是有效的担保，只有有效的担保才能保障债权人的利益。

本书拟从担保法律基础、保证、抵押、质押、留置、定金几个方面，结合具体法律规定和案例分析来讲解我国现行的担保法律制度，力求生动明了地为大家介绍什么是担保、如何担保、担保的后果以及担保过程中应注意的事项，希望能够为大家提供有益的借鉴！

目 录

CONTENTS

第一章 担保基础

 1.什么是担保,担保有哪些种类

案例:

天强贸易有限公司(以下简称"天强公司")与精艺钢材有限公司(以下简称"精艺公司")有着长期的贸易合作关系,天强公司给精艺公司采购原料并为其销售成品,同时,天强公司与精艺公司的母公司恢宏集团也有着良好的合作关系。因为行业的不景气,加上经营管理上的问题,精艺公司的效益大不如前,渐渐出现了拖欠货款的现象,这引起了天强公司领导层的高度重视,因为两个公司之间的合作规模很大,到目前为止,天强公司在精艺公司的欠款已经达到800万元,一旦精艺公司出现问题,将给天强公司造成巨大的损失。为了预防风险,天强公司专门召开了公司会议,要求与会人员提出一个切实可行的方案,如果你是与会人员之一,你将提出什么方案?从担保法的角度,有没有好的解决方案?

相关法条:

《担保法》第2条:在借贷、买卖、货物运输、加工承揽等经济活动中,债权人需要以担保方式保障其债权实现的,可以依照本法规定设定担保。

本法规定的担保方式为保证、抵押、质押、留置和定金。

《物权法》第 170 条：担保物权人在债务人不履行到期债务或者发生当事人约定的实现担保物权的情形，依法享有就担保财产优先受偿的权利，但法律另有规定的除外。

《物权法》第 171 条：债权人在借贷、买卖等民事活动中，为保障实现其债权，需要担保的，可以依照本法和其他法律的规定设立担保物权。

第三人为债务人向债权人提供担保的，可以要求债务人提供反担保。反担保适用本法和其他法律的规定。

《担保法》第 6 条：本法所称保证，是指保证人和债权人约定，当债务人不履行债务时，保证人按照约定履行债务或者承担责任的行为。

《担保法》第 89 条：当事人可以约定一方向对方给付定金作为债权的担保。债务人履行债务后，定金应当抵作价款或者收回。给付定金的一方不履行约定的债务的，无权要求返还定金；收受定金的一方不履行约定的债务的，应当双倍返还定金。

《物权法》第 179 条：为担保债务的履行，债务人或者第三人不转移财产的占有，将该财产抵押给债权人的，债务人不履行到期债务或者发生当事人约定的实现抵押权的情形，债权人有权就该财产优先受偿。

前款规定的债务人或者第三人为抵押人，债权人为抵押权人，提供担保的财产为抵押财产。

《物权法》第 208 条：为担保债务的履行，债务人或者第三人将其动产出质给债权人占有的，债务人不履行到期债务或者发生当事人约定的实现质权的情形，债权人有权就该动产优先受偿。

前款规定的债务人或者第三人为出质人，债权人为质权人，交付的动产为质押财产。

《物权法》第 230 条：债务人不履行到期债务，债权人可以留置已经合法占有的债务人的动产,并有权就该动产优先受偿。

前款规定的债权人为留置权人,占有的动产为留置财产。

专家解析:

本案例中,天强公司的担心是很多企业在开展业务过程中都会遇见的,尤其是先履行合同的一方,如果自己在支付了金钱或交付了货物之后,对方经营状况出现问题导致无法履行合同了,那自己一方就会遭受损失。在日常的生活中也会有这样的问题,体现最为明显的就是个人之间借款,借给别人钱之后别人跑了或还不起了怎么办?

要解决上述问题,一方面要多了解对方情况,另一方也可以充分利用法律规定的担保制度来规避风险。担保是法律为了保证某一特定债权人债权的实现,以第三人的信用或者以特定特定财产保障债务人履行债务的制度,提供担保的为担保人,享有担保权利的债权人为担保权人。担保分好多类,既有第三人的担保,也有在特定财产上设定的担保,还有通过交付一定数量的金钱设定的担保,根据我国法律的规定,担保主要分为保证、抵押、质押、留置和定金,另外还有船舶优先权、民用航空器优先权、破产法中的优先权等.日常生活中用到比较多就是前面的5种。下面就结合本案例,简单地介绍下主要的5种担保制度:

保证:保证是指保证是指保证人和债权人约定,当债务人不履行债务时,保证人按照约定履行债务或者承担责任的行为。天强公司可以要求精艺公司的母公司恢宏集团提供保证担保,在天强公司无法付清货款的时候,由恢宏集团替他清偿。也就是说,保证就是多拉进一个承担债务的人,多了一道保险,尤其是在保证人是大的集团或国有公司的时候,保证的效果也是比较好的。

抵押:抵押是指为担保债务的覆行,债务人或者第三人不转移财产的占有,将该财产抵押给债权人,债务人不履行到期债务或者发生当事人约定的实现抵押权的情形时,债权人有权就该财产优先受偿。在本案例中,天强公司可以要求精艺公司将厂房作价抵押给自己,如果精艺公司真的无法支付货款的时候,天强公司可以与精艺公司协商,将厂房折价给自己,或者通过拍卖、变卖的方式处理掉厂房,所得的价款优先清偿天强公司的货款,如果偿还掉天强公司的货款后还有剩余,剩余部门再给其他债权人进行分配。设定抵押后,厂房仍然由精艺公司占有和使用,和平时没什么两样。

质押:质押是指为担保债务的履行,债务人或者第三人将其动产出质给债权人占有的,债务人不履行到期债务或者发生当事人约定的实现质权的情形,债权人有权就该动产优先受偿。质押和抵押最大的一个区别就是,质押要把东西交给债权人保管,而抵押的情况下,抵押物仍然由提供抵押的人占有保管。在本案例中,天强公司既可以要求精艺公司提供一定量的货物作为质押,如果精艺公司有其他公司的股票,也可以拿股票等作为质押。

留置:留置是指债务人不履行到期债务,债权人可以留置已经合法占有的债务人的动产,并有权就该动产优先受偿。留置有一个前提就是债权人合法占有了债务人的动产,也就是说,如果债务人不履行债务,而债权人手头刚好属于债务人的财产,那么债权人就可以通过处理该财产来清偿债务。在本案例中,如果精艺公司不履行债务了,又刚好有一支车队还停在天强公司的仓库里,那么天强公司就可以扣留精艺公司的这支车队,如果还有别的货物,也可以扣留。此时应注意的是,天强公司应该再给精艺公司一定的宽限期,如果在宽限期内,精艺公司还不付清货款的话,天强公司就可以处理精艺公司的车队和货物了。

定金:定金是指当事人双方可以约定由一方向另一方支付一定数额的金钱作为定金,如果双方都履行了自己的义务,则交付的定金可以抵作价款或收回。这就是所谓的定金罚则,支付方违约就丧失定金,收取方违约就需要双倍返还定金。在本案例中,天强公司可以在每一单合同中都约定要求精艺公司支付一定比例的定金,以此来增加精艺公司的违约成本,减少一点自己的损失。定金担保在日常生活中非常多见,比如去影楼预约拍婚纱照,很多影楼就会要求先交纳一定数额的定金,以此来防止新人违约或又去找别的影楼。

最高额担保:在保证、抵押、质押中,当事人之间可以约定在最高债权额限度内,担保人就一定期间内连续发生的债务提供担保。比如天强公司可以与精艺公司的母公司恢宏集团约定,恢宏集团对精艺公司和天强公司在两年内签订的买卖合同在 2000 万的最高限额内提供担保。两年到期后进行结算,如果精艺公司的欠款在 2000 万额度内,恢宏集团对全部欠款承担责任,如果超过了 2000 万,则恢宏集团只承担 2000 万的额度。最高额担保既省去了一单单签订担保合同的麻烦,又限制了担保责任的范围,对担保人也是一种保护。

以上就是担保主要的几种类型。

 ## 2.担保主要适用什么法律

就目前来说,主要是《中华人民共和国担保法》和《中华人民共和国物权法》。早在 1986 年颁布的《中华人民共和国民法通则》(以下简称《民法通则》中就对保证、抵押、留置、定金等担保方式做了规定,但因内容规定不够全面细致,现实可操作性不强,无法满足资金融通和商品流通过程中出现的形形色色的实际情况。因此我国在 1995 年 6 月 30 日第八届全国人民代表大会常务委员会第十四次会议上通过了《中华人民共和国担保法》(以下简称《担保法》),该法的颁布使得我国有了一套比较系统的担保法律。在 2000 年 9 月 29 日,最高人民法院出台了《最高人民法院关于适用 < 中华人民共和国担保法 > 若干问题的解释》(以下简称《担保法解释》),对《担保法》做了补充和细化。2007 年 3 月 16 日通过的一部重要法律——《中华人民共和国物权法》(以下简称《物权法》)对《担保法》的部分内容做了修改和完善,《物权法》第四编"担保物权"主要对以提供担保物的形式提供的担保做了规定,但因为《物权法》更符合现实经济生活的要求,而且是新法,因此《物权法》第一百七十八条规定了"担保法与本法的规定不一致的,适用本法。"

　　因此,在适用担保相关的法律问题上,应首先以《物权法》为准,在《物权法》没有规定或规定不清楚的情况下,再去适用《担保法》和《担保法司法解释》。同时,因为担保属于民事法律的一部分,所以也要符合《民法通则》等法律的规定。就担保合同部分的问题,还要以《中华人民共和国合同法》(以下简称《合同法》)为依据。

 3.什么情况下可以设定担保

案例 1:

内部管理关系中的义务不能设定担保

　　朱某毕业后经叔叔李某引荐进入信用社工作,信用社为了规范员工的行为,保障资金的安全,要求朱某在入职时提供担保人,朱某的叔叔李某为其担保并在担保书上签字,担保书中约定:朱某作为本信用社的员工,应尽职自律,不得擅自挪用、侵占、盗窃客户资金,如朱某故意实施上述行为或因工作失误给信用社造成损失的, 朱某应赔偿信用社遭受的一切损失,李某作为担保人,对朱某的赔偿责任承担连带担保责任。后来,朱某伙同另一位信用社员工卷款 100 万元潜逃,信用社要求李某承担该 100 万损失的赔偿责任。

　　那么,根据担保法律的规定和李某签订的担保书,李某是否应该承担这 100 万损失的赔偿责任呢?

案例 2:

有关人身关系的义务不能设定担保

王五和张小三合伙做生意,需要 50 万的启动资金,两人东凑西凑只凑够 40 万,尚缺 10 万。王五得知张小三的父亲张老三有 10 万元存款,但因为张小三之前做生意一直亏损,已经花了张老三不少钱,张老三担心张小三以后不能给自己养老,于是自己存了 10 万块留着养老,不肯再拿出来给张小三做生意。王王的老婆是乡镇公务员,每个月有不错的固定收入,王五在和张小三商量之后,决定让自己的老婆来提供担保,让张老三把 10 万块钱借给张小三,如果两人做生意亏了,张小三养不起张老三了,就由王五和王五的老婆来负责张老三的养老。那么,这样的担保是否有效呢?

相关法条:

《担保法》第 2 条:在借贷、买卖、货物运输、加工承揽等经济活动中。

《担保法司法解释》第 1 条:当事人对由民事关系产生的债权,在不违反法律、法规强制性规定的情况下,以担保法规定的方式设定担保的,可以认定为有效。

《物权法》第 171 条:债权人在借贷、买卖等民事活动中,为保障实现其债权,需要担保的,可以依照本法和其他法律的规定设立担保物权。

专家解析:

担保是为了特定债权人债权的实现而设立的,因此担保存在的前提是有主债权的存在,因此在设立担保之前要先确定主债权是什么。担保所附属的是债权,在我国法律中,债是指按照合同的约定或依照法律规定,在当事人之间产生的特定的权利和义务关系,主要包括合同之债、侵权之债、无因管理之债、不当得利之债。从大的方面讲,债属于民事法律关系,因此对于刑事、行政、内部管理等关系中义务不能设定担保。小一点的方面,债属于财产法律关系,因此属于人身法律关系的,不能设定担保,比如婚姻、收养、抚养、同居。财产法律关系又分为物权法律关系和债权法律关系,对于物权也是不可以设定担保的,因为物权是对世权,物权人的权利对应的不特定的多数人,只有在有人侵犯了物权人的权利后,债务人才能特定,其应向物权人承担侵权责任,在这个时候就可以设立担保了。

通过上面的分析,就不能得出案例一和案例二的答案了。就案例一而言,根据《担保法》和《担保法司法解释》的规定,当事人可以就民事关系产生的债权设定担保,在本案例中,小朱和信用社之间的关系是否属于民事关系呢？回答是他们之间并不是民事关系,而是内部管理关系,民事关系是平等主体之间因合同或其他法律规定而产生的关系,本案例中小朱和信用社之间是用人单位和职工之间的内部管理关系,该内部管理关系要求小朱不得挪用、侵占、盗窃客户资金,李某在此义务上提供担保在法律上是不能成立的。如果事情继续发展,朱某回来自首并答应信用社在7天内返还100万资金,此时李某若提供担保说:如果朱某未能在7天之内返还100万,则由其负责归还。这样的担保是可以成立的,因为此时信用社和朱某之间是侵权法律关系,朱某背负的是侵权之债,属于民事关系产生的债权。

就案例二而言,这样的担保是无效的。因为,担保法律规定的担保保障的是债权法律关系,而不是赡养权这种人身关系,一般情况下,人身关系有关的义务都应当有义务人亲自履行,不能由其他人代替。那么,在这种情况下,采取怎样的方案既能让张小三借到钱,又能打消张老三的顾虑呢？其实只要改一下王五和他老婆提供的担保的内容就行了,可以这样约定:张小三向张老三借款10万元用于做生意,如果张小三在 2 年内不归还该 10 万元本金,就由王五和王五老婆负责归还。这样的约定,就将担保的对象从人身关系改为了债权债务关系,符合《担保法》的规定。

4.担保人的责任范围

案例:

甲房地产公司因开发楼盘需要,向银行贷款 5000 万,甲公司以其国有土地使用权提供抵押。贷款到期后,甲公司未能偿还该笔贷款,银行遂要求拍卖甲公司抵押的国有土地使用权来清偿贷款,甲公司不同意,于是银行将甲公司起诉到法院,请求行使抵押权。法院审理后认为甲公司和银行间的借款和抵押真实有效,抵押手续齐全,现甲公司不履行到期债务,银行有权行使抵押权对抵押物进行拍卖。拍卖抵押的国有土地使用权后,拍卖所得共计 1 亿元。银行在此次纠纷中的损失包括 5000 万贷款本金、300 万利息、150 万罚息、60 万律师费、其他关联费用 20 万。

请问,甲公司的国有土地使用权的担保范围有哪些,银行可以要求甲公司承担上述所有金额的款项和费用吗?

相关法条:

《担保法》第 21 条:保证担保的范围包括主债权及利息、违约金、损害赔偿金和实现债权的费用。保证合同另有约定的,按照约定。

当事人对保证担保的范围没有约定或者约定不明确的,保证人应当对全部债务承担责任。

《担保法》第 46 条：抵押担保的范围包括主债权及利息、违约金、损害赔偿金和实现抵押权的费用。抵押合同另有约定的，按照约定。

《担保法》第 67 条：质押担保的范围包括主债权及利息、违约金、损害赔偿金、质物保管费用和实现质权的费用。质押合同另有约定的，按照约定。

《担保法》第 83 条：留置担保的范围包括主债权及利息、违约金、损害赔偿金、留置物保管费用和实现留置权的费用。

《物权法》第 173 条：担保物权的担保范围包括主债权及其利息、违约金、损害赔偿金、保管担保财产和实现担保物权的费用。当事人另有约定的，按照约定。

专家解析：

担保人的责任范围就是担保人在承担责任时需要计算在内的所有的金额和费用，我国法律分别对不同的担保方式规定了不同的责任范围，但基本上也大同小异，主要是主债权及利息、违约金、损害赔偿金和实现债权的费用。在质押担保和留置担保中，还包括质押物 / 留置物的保管费用。当然，当事人之间也可以就担保人的责任范围作出约定，既可以约定承担责任的费用项目，也可以约定一定的额度，在涉及的金额比较大的情况下，为了防止承担巨额的律师费，很多担保人会对律师费进行限制，比如最高只承担借款总金额 5% 的律师费。当事人如果对担保范围没有约定或约定不明确的，应该按法律规定的范围承担全部债务。

因此，本案例中甲公司的国有土地使用权的担保范围有借款本金及利息、罚息、律师费、拍卖费及其他相关费用，银行可以要求甲公司全部承担。

5.担保人的权利如何保障

案例：

    张三在县城里开了家饭店，经朋友李四介绍向蔬菜批发商王五采购蔬菜，张三每与王五约定每月月初报需要采购的蔬菜品种和数量，月末结算。因近两年饭店生意不好做，经常发生饭店老板关门跑路的事情，王五为了防止李四出现这种情况，要求张三找个人提供担保，张三遂找来隔壁的水果店老板赵六作为保人，但王五觉得最近水果生意也不好做，没准赵六还比张三早跑路呢，于是不同意赵六作为保人。几经商量之下，王五要求张三找李四作为保人，张三找到李四跟他说明情况后，李四担心，自己做保人是没问题，但要是张三真跑路了，自己该怎么办？

相关法条：

    《担保法》第 31 条：保证人承担保证责任后，有权向债务人追偿。

    《担保法》第 32 条：人民法院受理债务人破产案件后，债权人未申报债权的，保证人可以参加破产财产分配，预先行使追偿权。

    《担保法》第 57 条：为债务人抵押担保的第三人，在抵押权人实现抵押权后，有权向债务人追偿。

    《担保法》第 72 条：为债务人质押担保的第三人，在质权人实现质权后，有权向债务人追偿。

    《担保法》第 4 条：第三人为债务人向债权人提供担保时，可以要求债务人提供反担保。

反担保适用本法担保的规定。

《担保法司法解释》第2条:反担保人可以是债务人,也可以是债务人之外的其他人。

反担保方式可以是债务人提供的抵押或者质押,也可以是其他人提供的保证、抵押或者质押。

《物权法》第171条:第三人为债务人向债权人提供担保的,可以要求债务人提供反担保。反担保适用本法和其他法律的规定。

《担保法》第20条:一般保证和连带责任保证的保证人享有债务人的抗辩权。债务人放弃对债务的抗辩权的,保证人仍有权抗辩。

抗辩权是指债权人行使债权时,债务人根据法定事由,对抗债权人行使请求权的权利。

专家解析:

上述这个案例提出了担保人的权利如何保障的问题,第三人愿意为债务人提供担保,一定是有原因的,可能是利益上的关系,比如集团公司为了刚刚成立的子公司顺利开展业务而对外提供担保;也可能是情感上的关系,比如哥哥为了让弟弟能早日买房成亲,为弟弟在银行贷款提供担保。很多时候,担保人基于与债务人的关系,愿意为了让债务人更顺利地得到交易对方的信任而提供担保,但毕竟彼此之间是不同的主体,亲兄弟也要明算账,一旦真出了问题,担保人的权利还是要保障的。那么,法律是如何保护担保人的利益的呢?

法律赋予了担保人的追偿权,也就是说,债务最终还是由债务人来承担的,但如果债务人真的资不抵债了甚至破产了,那担保人的损失可能就无处弥补了。在破产案件中,法律还规定了担保人预先行使追偿权的权利,如《担保法》第32条的规定

保证人享有债务人所享有的抗辩权。抗辩权是指专门对抗请求权的权利,亦即权利人行使其请求权时,义务人享有的拒绝其请求的权

利,比如在本案例中,5 月 30 日结算的时候,张三将 6 月份的采购计划交给了王五,但没付 5 月份的货款,如果此时王五要求张三同时支付五六月份的货款,张三就可以行使抗辩权说:"因为 6 月份的货你没交,所以我没有义务现在支付。"这就是抗辩权,抗辩权一共分为 3 种:先履行抗辩权、同时履行抗辩权、不安抗辩权,只要张三能行使的,李四也就可以行使。

担保人还可以要求债务人提供反担保。反担保是指债务人或者第三人为了确保担保人在承担担保责任后,能够实现对债务人追偿而设定的制度,《物权法》和《担保法》对此都做了规定,《担保法司法解释》明确了反担保的方式。就本案例而言,李四在向王五提供担保的时候,也可以要求张三为他提供特定的财产作为担保,保证如果他向王五承担了担保责任,张三要以该特定的财产来清偿,当然,也可以让赵六为李四提供保证担保。

6.担保合同的成立

担保的设立需要当事人之间订立担保合同,担保合同的成立和生效受到《合同法》的调整。合同的成立是指当事人之间达成合意(意思表示一致),根据《合同法》《物权法》《担保法》和《担保法司法解释》的规定,担保合同的成立需要符合以下条件:

具有多方当事人。最典型的担保合同应当包括三方当事人,即债权人、债务人、担保人,但因为担保合同最重要的是担保人和债权人之间达成一致意见,所以也不一定需要债务人签字或盖章,只要在担保合同中约定清楚被担保人(即债务人)以及被担保的债务即可。

意思表示一致。意思表示一致就是当事人对担保合同的内容达成一致意见，担保什么、怎么担保、在多大范围内提供担保等，《担保法》对担保合同的内容做了规定，以保证为例，主要包括"被保证的主债权种类、数额；债务人履行债务的期限；保证的方式；保证担保的范围；保证的期间；双方认为需要约定的其他事项"。但这一规定属于任意性规定，也就是给大家提供示范的，不一定要全部具备，只要具备几个必要的条款就可以了，比如当事人、担保的债务、如何担保，其他的条款如果欠缺的话，可以通过事后补充或根据法律规定、交易惯例或者合同的解释规则进行认定。在考虑合同成立的问题上，只要满足当事人之间意思表示达成一致即可，至于意思表示是否真实，当事人是否是在受到欺诈、胁迫的情形下同意的，在所不问，因为这是合同的生效条件所考虑的事情。

具备书面形式。《担保法》第 13 条规定"保证人与债权人应当以书面形式订立保证合同"。《物权法》第 172 条第 1 款规定"设立担保物权，应当依照本法和其他法律的规定订立担保合同"。第 185 条第 1 款规定"设立抵押权，当事人应当采取书面形式订立抵押合同"。第 210 条第 1 款规定"设立质权，当事人应当采取书面形式订立质权合同"。

7.担保合同的书面形式包括哪些

案例：

2008 年 7 月，马某为了从事家具批发生意，向朋友李某借款 20 万元，李某要求马某在某知名外企上班的表哥叶某来担保，但叶某住在城里，不怎么回家。多次电话沟通之后，叶某同意提供担保，但要求看下借款的欠条,于是马某将已经签了字的欠条通过邮局挂号信寄给了叶某,叶某收到欠条后在上面写了"同意担保"并签下了自己的名字和日期,然后邮寄回给了马某。马某拿回欠条后将其交给李某,李某将借款20万交给马某。

叶某如此简单的做法在法律上会被认可吗?

相关法条:

《担保法》第 95 条:本法所称保证合同、抵押合同、质押合同、定金合同可以是单独订立的书面合同,包括当事人之间的具有担保性质的信函、传真等,也可以是主合同中的担保条款。

《担保法司法解释》第 22 条:第三人单方以书面形式向债权人出具担保书,债权人接受且未提出异议的,保证合同成立。

主合同中虽然没有保证条款,但是,保证人在主合同上以保证人的身份签字或者盖章的,保证合同成立。

专家解析:

如前所述,担保合同的成立需要符合具备书面形式这一要求,那么,书面形式是否指一定要签订一份独立的担保合同呢?根据《担保法》和《担保法司法解释》的规定都是不需要,也就是说,书面形式包括以下几种:

书面合同,书面合同是双方当事人一来一往达成一致意见的结果,可以单独签订《担保合同》,也可以是其他可以反映担保内容的形式,如往来信函、传真、电报、电子邮件、其他电子数据交换(如 QQ、MSN)等。单独的书面合同比较全面完整,也比较正式,在举证的时候比较简单容易,而其他形式的证据可能比较零散,在条件允许的情况下,还是应该通过签订合同的形式来明确当事人之间权利义务;在时间紧迫或其他不便的情况下,电子邮件、传真等也是可行的。

担保条款,当事人可以在主合同中加入担保人作为一方主体,并在合同正文中加入担保条款，如"×××为本合同的保证人，为债务人在本合同项下的义务和责任承担连带保证责任"。这样做的好处就是比较鲜明，一看就知道这个主合同有担保，担保人是谁，担保的是什么债务。当然，担保人作为合同主体，是签字或盖章的。

保证书，如果以保证的方式提供担保，保证人可以通过向债权人提交保证书的方式来实现，保证书应交给债权人，如果债权人对此没有意见，则保证合同也算成立了。

在主合同中以保证人的身份签字或盖章，以保证方式提供担保，如果保证人仅仅只是在主合同上以担保人的身份签了字或盖了章，也算保证合同成立。

因此看出，本案例中叶某提供担保的手续虽然很简单，但它也是符合法律规定的，如果马某不能清偿债务，叶某就要向赵某承担保证责任。

 8.担保合同有效需要哪些条件

担保合同有效是指担保合同被法律所认可，在法律上有约束力。根据《民法通则》《合同法》《物权法》和《担保法》等相关法律的规定，担保合同的生效需要以下几个条件：

当事人具有相应的民事行为能力。民事行为能力是指享有民事权利，承担民事义务的资格，是人们从事民事行为的前提，担保合同的当事人除了要具备《民法通则》规定的民事行为能力，还需符合《物权法》、《担保法》、《担保法司法解释》的规定。具体包括保证人应具有保证人资格并满足法律对保证人资格的特殊规定，以财物提供担保的担保人应对提供的财物有处分权利。

意思表示真实,这主要是指两个方面,一个是当事人真正理解自己的担保行为并清楚提供担保后自己所负担的义务,另一个是当事人是在自由、自愿的情况下做出的担保行为。担保人如果实在受到欺诈、胁迫或重大误解的情况下做出的担保行为,则可以通过法院撤销自己的担保行为,不去承担担保责任。

不违反法律的强制性规定或社会公共利益,不是以合法形式掩盖非法目的。

 ## 9.哪些情况下,担保合同会被认定为无效

案例 1:

主合同无效,担保合同是否有效?

2005 年 3 月 5 日,甲公司与乙公司签订《短期借款合同》,合同中约定:甲公司向乙公司借款 100 万用于扩大经营,借款期限 1 年,甲公司法人代表吴先生为该笔借款提供连带责任担保。2006 年 3 月 4 日借款到期后,乙公司要求甲公司按照《短期借款合同》的约定偿还本金和利息,甲公司在偿还了 23 万元后,无力偿还剩余的欠款,于是乙公司要求吴先生承担担保责任,清偿剩余欠款。吴先生此时提出,甲公司和乙公司之间的《短期借款合同》属于企业之间的借贷,违反了我国的法律规定,应属无效合同,主合同无效,担保合同自然无效,应此自己无须承担担保责任?

请问,吴先生的抗辩理由正确吗?

案例 2:

政府机关提供的担保是否有效?

A 市政府为了实现经济发展目标,增加地方税收,举办了一场招商引资洽谈会,邀请了 50 多家比较优秀的企业来与当地的企业谈长期合同项目。S 公司与 W 公司在洽谈会上达成了初步合作意向,S 公司同意将自己的物流基地放在 W 公司的厂区内,预计每年存放货物 2 万吨,价值 8000 多万。在谈妥各方面的事项后,S 公司提出 8000 万也不是个小数目,万一出现什么问题,对 S 公司也是一笔不小的损失,因此除了派人监管外,S 公司还提出要求 W 公司提供担保,S 公司因一时也找不到能担保这么高额度的担保人,也没有适合的财产可以抵押,无奈之下只好向主办方 A 市市政府求助,在市政府的协调和沟通下,决定由 W 公司所在地——G 经济开发区管委会提供担保,保证如果 S 公司的货物如果在 W 公司厂区内出现损失,在 W 公司无力承担损失的前提下,由 G 经济开发区管委会负责赔偿。在签订有关合同和担保书后,S 公司放心地将货物运进了 W 公司的厂区。

请问,本案例中 G 经济开发区提供的担保有效吗?

案例 3:

枪支抵押是否有效?

依法配备枪支的警员孙某,因父亲罹患疑难杂症,需要花费巨额的医药费,孙某为了医治父亲的病,不但花光了所有积蓄,还欠了一大笔债。就在治疗的最后时期,孙某是真的拿不出钱来了,为了父亲能好起来,孙某相近了所有办法,但还是没借到钱,一次执行完任务回来,孙某望着自己的枪,突然想起了一个 2 年认识的朋友——宋某,这个人很喜欢研究枪,但就是没有碰过真枪,孙某冒出了将自己的配枪押给宋某来借点钱的想法。虽然孙某知道这样会受到单位的调查和处分,但为了父亲,他还是执意这么做了。把枪押给宋某后,孙某借到了 5 万块钱交父亲的医药费,但孙某和宋某约定,一旦他向别人借到钱,宋某要立马归还枪支,宋某答应了孙某的要求。

请问,在本案例中,孙某将自己的配枪质押给宋某是否有效?

相关法条:

《担保法》第5条:担保合同是主合同的从合同,主合同无效,担保合同无效。担保合同另有约定的,按照约定。

《物权法》第172条:设立担保物权,应当依照本法和其他法律的规定订立担保合同。担保合同是主债权债务合同的从合同。主债权债务合同无效,担保合同无效,但法律另有规定的除外。

《担保法》第29条:企业法人的分支机构未经法人书面授权或者超出授权范围与债权人订立保证合同的,该合同无效或者超出授权范围的部分无效。

《担保司法解释》第8条:国家机关和以公益为目的的事业单位、社会团体违反法律规定提供担保的,担保合同无效。

《担保司法解释》第18条:企业法人的职能部门提供保证的,保证合同无效。

《担保司法解释》第5条:以法律、法规禁止流通的财产或者不可转让的财产设定担保的,担保合同无效。

《担保司法解释》第48条:以法定程序确认为违法、违章的建筑物抵押的,抵押无效。

《担保司法解释》第6条:有下列情形之一的,对外担保合同无效:(一)未经国家有关主管部门批准或者登记对外担保的;(二)未经国家有关主管部门批准或者登记,为境外机构向境内债权人提供担保的;(三)为外商投资企业注册资本、外商投资企业中的外方投资部分的对外债务提供担保的;(四)无权经营外汇担保业务的金融机构、无外汇收入的非金融性质的企业法人提供外汇担保的;(五)主合同变更或者债权人将对外担保合同项下的权利转让,未经担保人同意和国家有关主管部门批准的,担保人不再承担担保责任。但法律、法规另有规定的除外。

专家解析:

担保合同的生效需要符合前文所述的要求，如果有一个条件没满足，担保合同就会归于无效。在实务中，担保合同无效的原因主要有以下四个：

主合同无效，担保债权附属于主债权，主债权不存在，担保债权也就无从依附了。当事人可以对担保合同是否受到主合同无效的影响做出约定，如果没有约定，则主合同无效，担保合同也无效。结合案例一，我们可以就发现该案例中就存在主合同无效的情形，根据央行《贷款通则》第61条的规定："企业之间不得违反国家规定办理借贷或变相借贷融资业务"。《最高人民法院关于对企业借贷合同借款方逾期不归还借款的应如何处理问题的批复》中也规定："企业借款合同违反有关金融法规，属于无效合同。"而乙公司也并未与吴先生约定"主合同无效不影响担保合同的效力"之类的文字，因此，案例一中，担保合同无效。

主体不适格，一般情况下，有行为能力的当事人都可以从事民事活动，但担保合同有其特殊性，担保人一旦同意提供担保就相当于给自己附加了一个额外的负担。我国法律对担保的主体做了限制，比如国家机关不得作为保证人，除非是经国务院批准为使用外国政府或者国际经济组织贷款进行转贷；学校、幼儿园、医院等以公益为目的的事业单位、社会团体不得为保证人；企业法人的分支机构、职能部门不得为保证人（企业法人的分支机构有法人书面授权的，可以在授权范围内提供保证）。在案例2中，G经济开发区管委会属于政府机构，为企业提供担保应属无效。

标的物违法，即提供担保的财产是法律所禁止的。除了一些枪支弹药、管制刀具等违禁品，我国《担保法》还做了其他禁止规定，比如以下财产不能设定抵押：A.土地所有权；B.耕地、宅基地、自留地、自留山等集体所有的土地使用权,两种情况除外:抵押人依法承包并经发包方同意抵押的荒山、荒沟、荒丘、荒滩等荒地的土地使用权可以抵押;以乡(镇)、村企业的厂房等建筑物抵押的,其占用范围内的土地使用权可以抵押。案例3中,孙某抵押的枪支属于违禁品,孙某将枪支质押给宋某,不但违反了枪支管理的规定导致质押无效,而且两人的行为还触犯了刑法,可能分别被以"非法出租、出借枪支罪"和"非法持有枪支罪"判处刑事责任。

其他原因,比如《担保法司法解释》对对外担保所作出的具体规定,又比如《担保司法解释》第52条规定:"当事人以农作物和与其尚未分离的土地使用权同时抵押的,土地使用权部分的抵押无效。"比如《担保司法解释》第57条规定:"当事人在抵押合同中约定,债务履行期届满抵押权人未受清偿时,抵押物的所有权转移为债权人所有的内容无效。该内容的无效不影响抵押合同其他部分内容的效力。"这就是"流押无效"的规定,具体见抵押一章。

10.企业负责人越权订立的担保合同是否有效

案例:

厂长超越权限,以公司负责人名义签订担保合同

袁某是康健食品加工有限责任公司(以下简称"康健食品厂")的厂长,也是该厂的法人代表,在其经营管理下,食品厂规模逐渐扩大,产品的销售区域覆盖了整个华东地区,成为了远近闻名的企业。与此同时,为康健食品厂提供包装盒和包装箱的志明纸板箱厂也得到了很好的发展,两家公司达成了战略合作关系,为了满足康健食品厂蓬勃发展的需

求,志明纸板箱厂决定向银行借款 2000 万来扩大生产规模,引进现代化的流水线。在与当地银行沟通后,银行要求志明纸板箱厂以厂房和机器设备作为抵押,除此之外,还需要一家工厂为其提供担保。志明纸板箱厂就找到了袁某,希望康健食品加工厂能提供担保,袁某同意了该请求。一个星期后,志明纸板箱厂和银行签订了《借款协议》,康健食品厂与银行签订了《担保合同》,为志明纸板箱厂的借款提供连带担保责任,袁某作为康健食品厂的负责人在合同上签字确认。一年后,志明纸板箱厂未能如约偿还借款本金和利息,银行将志明纸板箱厂和康健食品厂同时告上法庭,要求承担支付借款本金、利息和相应费用。康健食品厂在接到法院的传票后,其他股东提出:康健食品加工有限责任公司属于有限责任公司,公司负责人应按照公司《章程》的规定履行职责,公司《章程》第 8 条规定,"对外投资或对外担保金额在 1000 万以内(含)的,由公司厂长决定;对外投资或对外担保金额超过 1000 万的,应提交公司股东会审议通过。"根据该条规定,康健食品厂认为对志明纸板箱厂的担保合同属于厂长袁某超越权限的行为,损害了公司股东的利益,袁某无权代表康健食品厂订立 1000 万以上的担保合同,自然该担保合同应属无效合同,康健食品厂不承担担保合同规定的担保责任。

请问,康健食品厂的抗辩理由是否成立?

相关法条:

《民法通则》第 38 条:依照法律或者法人组织章程规定,代表法人行使职权的负责人,是法人的法定代表人。

《民法通则》第 43 条:企业法人对它的法定代表人和其他工作人员的经营活动,承担民事责任。

《民法通则》第 34 条:个人合伙的经营活动,由合伙人共同决定,合伙人有执行和监督的权利。

合伙人可以推举负责人。合伙负责人和其他人员的经营活动,由全体合伙人承担民事责任。

《担保法司法解释》第 11 条:法人或者其他组织的法定代表人、负责人超越权限订立的担保合同，除相对人知道或者应当知道其超越权限的以外,该代表行为有效。

专家解析:

法定代表人对外以法人名义进行民事活动时,其与法人之间是代表关系,其代表职权来自法律的明确授权,故不另需法人的授权委托书。所以,法定代表人对外的职务行为即为法人行为,其后果由法人承担。但是,法人不得以对法定代表人的内部职权限制对抗善意第三人。根据《担保法司法解释》第 11 条的明确规定,对于法定代表人和负责人订立的担保合同,如果法人或组织内部对此有限制,但合同对方对此并不知情的情况下,该内部限制不能作为代表行为无效的理由。因此,本案例中,如果袁某在订立担保合同的时候并没有告知康健食品厂的内部章程的规定,则银行作为善意相对人,是可以主张该担保合同有效的。

11.担保合同被认定为无效后,担保人是否要承担责任

案例 1:

S 市城建公司因业务发展需要,向 G 银行城北支行借款 80 万元,借款期限自 1996 年 3 月 18 日至 1996 年 9 月 17 日,双方签订《借款合同》,由城建公司的开户行 Z 银行河滨支行提供保证担保,保证期间自 1996 年 3 月 18 日至 1998 年 9 月 17 日,G 银行城北支行和 Z 银行河

滨支行签订《保证合同》，但都未经各自上级法人单位授权。1996年9月17日借款到期后，城建公司未能偿还欠款，G银行城北支行遂起诉城建公司和Z银行河滨支行，要求城建公司偿还借款本金和利息，要求Z银行河滨支行对此承担连带保证责任。Z银行河滨支行答辩称：根据《担保法》的规定，企业法人的分支机构未经法人书面授权或者超出授权范围与债权人订立保证合同的，该合同无效或者超出授权范围的部分无效，债权人和企业法人有过错的，应当根据其过错各自承担相应的民事责任；债权人无过错的，由企业法人承担民事责任。本行属于分支机构，订立担保合同是并未得到上级法人单位的授权，且G银行城北支行明知银行分支机构提供担保应征得上级法人单位的授权，但并未所要该授权书，因此存在过错，本行不应承担全部赔偿责任。

请问，Z银行河滨支行应承担多少比例的责任？

案例2：

甲公司于2006年5月开始与国内一移动通信运营商L公司建立合作关系，由L公司向甲公司"集团网"的用户给予优惠政策，甲公司向集团内部用户提供手机，并向L公司保证"集团网"用户的消费。2006年7月，甲公司职工孙某加入该"集团网"并与甲公司签订协议书，协议书中约定，由甲公司向孙某提供手机一部，孙某在两年内不得退出"集团网"，每月保底消费80元，每月实际消费不足80元的，系统将自动扣除。孙某的老乡范某为孙某的保底消费以及两年的使用期限提供连带保证。2007年7月，孙某离开甲公司并改用其他运营商的号码，因此停用了之间的"集团网"号码。至协议结束，孙某已经欠话费1000多元，该笔话费已经被L公司在甲公司的账户中自动划走。因此，甲公司以孙某违反协议书的约定为由要求其承担欠缴的1000多元话费，同时要求返还手机。孙某对此不予理会，甲公司找到范某要求其承担保证责任。

请问，范某是否应承担保证责任？

相关法条：

《担保法》第 5 条：担保合同被确认无效后，债务人、担保人、债权人有过错的，应当根据其过错各自承担相应的民事责任。

《担保法司法解释》第 7 条：主合同有效而担保合同无效，债权人无过错的，担保人与债务人对主合同债权人的经济损失，承担连带赔偿责任；债权人、担保人有过错的，担保人承担民事责任的部分，不应超过债务人不能清偿部分的二分之一。

《担保法司法解释》第 8 条：主合同无效而导致担保合同无效，担保人无过错的，担保人不承担民事责任；担保人有过错的，担保人承担民事责任的部分，不应超过债务人不能清偿部分的三分之一。

《物权法》第 172 条：担保合同被确认无效后，债务人、担保人、债权人有过错的，应当根据其过错各自承担相应的民事责任。

专家解析：

我国《物权法》、《担保法》、《担保法司法解释》对担保合同无效和无效后的责任划分都做了明确规定，根据担保合同无效的原因可分为两个部分：担保合同自身无效和因主合同无效导致担保合同无效。根据债权人和担保人的过错，又可对责任再次细分，具体见下表：

	过错情况	担保人承担责任份额
主合同有效	债权人无过错	对全部损失承担连带责任
	债权人有过错	不超过未清偿部分的 1/2
主合同无效	担保人有过错	不超过未清偿部分的 1/3
	担保人无过错	不承担责任

对照上表，结合案例中的实际情况，可以知道案例一中，城建公司和 G 银行城北支行签订的《借款合同》是有效的，而 G 银行城北支行和

Z银行河滨支行之间签订《保证合同》因都未经上级法人书面授权,主体不合格,所以是无效的,且G银行城北支行同样作为银行的分支机构,应当知道提供担保是需要经过上级法人机关授权的,所以是债权人自己存在过错,结合上表,Z银行河滨支行最多应承担1/2的责任,即40万借款本金及40万本金的利息。

案例2中,甲公司从事的其实一种电信业务的经营行为,《中华人民共和国电信条例》第七条规定,国家对电信业务经营按照电信业务分类,实行许可制度。经营电信业务,必须依照本条例的规定取得国务院信息产业主管部门或者省、自治区、直辖市电信管理机构颁发的电信业务经营许可证。未取得电信业务经营许可证,任何组织或者个人不得从事电信业务经营活动。可见,电信业务属于国家特许经营项目,未取得电信业务经营许可证,任何组织或者个人不得从事电信业务经营活动,此规定为国家行政法规的强制性规定。甲公司与孙某签订的协议书中涉及电信业务,但甲公司并没有取得电信业务经营许可证,属于违法国家强制性规定的情形,按照《合同法》第五十二条中有关违反国家法律、行政法规强制性规定的合同属于无效合同的规定,甲公司和孙某之间所签订的协议书属于无效合同。按照《担保法》第五条的规定,主合同无效,担保合同无效,同时范某在签订此担保合同中并不知晓甲公司应取得电信业务经营许可证,也不知道甲公司是否具有该资格,所以不存在过错,不该承担保证责任。

12.主合同解除,担保人的责任是否就此结束

例:

甲公司一直从事保健品行业,随着市场的发展,甲公司决定研发新

的保健品,但因资金投入较大,于是找来了乙公司,乙公司在资金获取方面比较有渠道。两家公司签订了《合作协议》并由各自的法定代表人提供担保,保证双方严格按照《合作协议》的约定进行投入、保证进度、分配利润、对开发过程中掌握的信息保密等。在完成签约手续和其他准备工作后,甲乙两公司开始项目的具体的操作,在合作过程中,双方也进行了一些数据和信息方面的分享。项目开发的后期,因国家政策的调整,加上资金成本的不断提高,项目进展越来越困难,因此两家公司不得不签订协议解除《合作协议》,结束该项目的合作。几年后,随着市场需求增加,甲公司想重启之前的保健品开发项目,但没想到,恰恰在此时, 甲公司的竞争公司丙公司推出了甲公司之前即将研发成功的保健品。经调查得知原来是乙公司把在合作过程中得到的数据和信息都提供给了丙公司,甲公司认为乙公司违反了保密义务,要求乙公司赔偿损失,同时要求乙公司的法定代表人承担担保责任。乙公司的法定代表人抗辩称:甲乙公司的《合作协议》已经解除,双方的权利义务已经终止,自己提供担保的基础已经不复存在,乙公司是在《合作协议》解除后泄漏的信息,因此自己不应该承担担保责任。

请问,乙公司的法定代表人是否应该对《合作协议》解除后的行为承担担保责任?

相关法条:

《合同法》第60条:当事人应当按照约定全面履行自己的义务。

当事人应当遵循诚实信用原则,根据合同的性质、目的和交易习惯履行通知、协助、保密等义务。

《担保法司法解释》第10条:主合同解除后,担保人对债务人应当承担的民事责任仍应承担担保责任。但是,担保合同另有约定的除外。

专家解析:

一般情况下,担保合同依附于主合同,担保责任在主合同的基础上产生,没有主合同就没有担保责任。主合同解除后,合同双方的权利义务应相应终止了,但因为一些合同自有的特征,它还会存在一个后合同义务,也就是附随义务的一种。我国《合同法》第60条对附随义务做了规定,该条款中所说的通知、协助和保密的义务,就是当事人履行合同时的附随义务。附随义务扩大了合同当事人的义务,即这些义务即使在合同条款中没有规定,当事人也必须遵守和履行,否则就违背了民法的基本精神诚实信用原则。

在本案例中,乙公司即使在《合作协议》解除后也应当履行自己的附随义务,对自己在合作过程中掌握的甲公司的数据和信息保密,违反该附随义务的, 也应承担民事责任。而乙公司的法定代表人作为担保人,不但应该对《合作协议》中约定的责任承担担保责任,也应对应违反附随义务而产生的民事责任承担担保责任。根据《担保法司法解释》第10条的规定,乙公司的法定代表人的抗辩理由是不成立的。当然,如果担保人向限制自己的担保责任,防止承担自己无法预料的责任,那么就应该在担保合同或担保条款中明确约定:"如果主合同解除,担保人对主合同解除后产生的民事责任不承担担保责任",以此来保护自己。

13.人保和物保并存时,担保责任如何承担

案例 1:

担保人和债权人有明确约定

张三和他的哥哥张二一起外出做生意。张三因资金紧张向隔壁李四借款 80 万, 并将自己价值 100 万的宝马车开到李四家中作为质押物,但李四认为这辆宝马车买来的时候是 100 万,但现在已经不值 100

万了,因此要求张二再来做一个担保。张二为了弟弟能和自己一起去,于是答应了,但他提出一个条件:"如果到时候张三真的亏了,还不出钱,李四只能在先处理宝马车,不足部分才可以找我张二要。"李四同意了张二的条件,三人按照商量好的条件写好欠条并签字后,李四交给张三80万。

案例2:

没约定,债务人提供物保

同案例1一样,张三向李四借钱80万,以宝马车做质押,张二提供保证担保,但张二并没有提出"要先处理宝马车,不足部分再由自己负责清偿"的要求。

案例3:

没约定,第三人提供物保

同案例1一样,张三向李四借钱80万,张二提供保证担保,但张三并没有将自己的宝马车质押给李四,而是找来了自己的好朋友王五,让王五将自己的一间商铺抵押给李四作为担保,王五念在和张三的深厚交情上,也相信张三的赚钱能力,以此同意了给他做担保。

请问,如果张三在借款到期的时候真的还不出钱,李四在案例1、案例2、案例3中应该如何向担保人三张权利?

相关法条:

《担保法》第28条:同一债权既有保证又有物的担保的,保证人对物的担保以外的债权承担保证责任。

《担保法司法解释》第38条:同一债权既有保证又有第三人提供物的担保的,债权人可以请求保证人或者物的担保人承担担保责任。

《物权法》第176条:被担保的债权既有物的担保又有人的担保的,债务人不履行到期债务或者发生当事人约定的实现担保物权的情形,债权人应当按照约定实现债权;没有约定或者约定不明确,债务人自己提供物的担保的,债权人应当先就该物的担保实现债权;第三人提供物的担保的,债权人可以就物的担保实现债权,也可以要求保证人承担保证责任。提供担保的第三人承担担保责任后,有权向债务人追偿。

家解析:

人保是指债务人以外的人提供的担保,债务人自己不能提供保证担保,因为这是没有意义的。物保是指债务人或第三人以其特定的财产或财产权利提供的担保,包括抵押、质押和留置三种。可以看出,在上述三个案例中,既有第三人提供的保证担保,又有以特定财产提供的物的担保,在这种情况下,法律对人保和物保承担责任的顺序是否有规定呢?

答案是肯定的,《担保法》、《担保法司法解释》、《物权法》对这种情况都做了规定,但在一些细节方面,三者的规定有所出入,按照《物权法》第178条的规定:"担保法与本法的规定不一致的,适用本法。"因此,在遇到三种规定不相一致的情况下,应以《物权法》为准。《担保法》第28条第一款对此的规定是:"同一债权既有保证又有物的担保的,保证人对物的担保以外的债权承担保证责任。"但从严格意义上说,该条只是划分了物保和人保的责任范围,并没有对清除次序问题作出规定。在《担保法司法解释》第38条第一款中规定:"同一债权既有保证又有第三人提供物的担保的, 债权人可以请求保证人或者物的担保人承担担保责任。"该条款将保证人担保和第三人提供的物保放在了同一次序。《物权法》第176条对此作出了比较详细的规定。按照《物权法》的规定,可以将上述情况分为以下三种情况:

债权人和担保人对承担担保责任的次序做了明确约定的, 按照当事人之间的约定。也就是案例1的情况,张二和李四之间明确约定,先由张三提供的物保清偿,不足部分,再由自己承担保证责任。

物保是债务人提供的，即使当事人之间没有约定承担担保责任的次序，也应先就担保物行使担保权利。因为即使是保证人先承担担保责任，保证人还是要向债务人追偿的，还不如直接先由债务人自己承担责任，不足部分再由保证人承担，这样不但可以简化程序，减少成本，而且对保证人也相对公平些。案例二就是这种情况，虽然张二和李四之间没有约定次序，但李四也应该先通过处理张三的宝马车来清除欠款，不足部分再向张二主张。

物保是第三人提供的，在这种情况下，如果提供物保和提供人保的担保人都没有和债权人约定承担担保责任的次序，那么，债权人有权选择先向谁主张承担责任。因为此时，无论是物保还是人保，都是第三人提供的，都不是债务的最终承担者，因此两者处于同等地位，无论是先实现物保还是先实现人保，都需要向债务人追偿。为了保障债权人债权的充分实现，法律尊重债权人的意愿，允许其自由选择。也就是说，在案例三的情况下，李四既可以要求张二先承担保证责任，也可以先要求王五用其抵押的商铺承担担保责任。

14.人保和物保并存时的追偿和免责问题

案例 1：

张三向李四借钱 80 万，张二作为保证人提供担保，王五以其商铺抵押给李四作为担保。借款到期，张三未能还款，李四请求法院拍卖李四的商铺用于清偿。王五在承担了 80 万的欠款和利息后，要求张二承担一半，理由是张二和王五都是担保人，两人处于平等地位，因此应该一人一半责任。

请问,张二是否应该分担王五承担的一半责任?

案例 2:

张三向李四借钱 80 万,张二作为保证人提供担保,李四以其宝马车质押给李四作为担保。借款到期,张三未能还款,李四要求拍卖、变卖宝马车抵债,张三求情说:"千万不要,我明天要见一重要客户,能谈下来的话是几百万的生意,明天要用宝马车去机场接客户。何况这 80 万还有我二哥张二做担保呢,我哥家里奔驰宝马好几辆,不愁还不起这 80 万。"在张三的哀求下,李四将宝马车还给了张三,让他明天去接客户。没想到张三第二天不是去见客户,而是开着宝马车跑路了,慌忙之下,李四赶紧找到张二,要求其承担全部的 80 万欠款及利息。

请问,张二需要承担担保责任吗?

案例 3:

张三向李四借钱 80 万,张二作为保证人提供担保,王五以其商铺抵押给李四作为担保。借款到期,张三未能还款,李四要求拍卖、变卖王五的商铺抵债,王五求情说:"千万不要,我这个商铺前边马上要通地铁了,现在卖掉一定会有几十万甚至上百万的损失,何况这 80 万还有张二做担保呢,张二家里奔驰宝马好几辆,不愁还不起这 80 万。"在王五的哀求下,李四决定不要王五承担担保责任了,并将商铺的抵押登记也注销了。张三还不出钱,王五的商铺抵押又放弃了,李四只能找张二要钱。

请问,张二此时是否需要承担保证责任?

相关法条:

《担保法》第 28 条第 2 款:债权人放弃物的担保的,保证人在债权人放弃权利的范围内免除保证责任。

《担保法司法解释》第 38 条:同一债权既有保证又有第三人提供物

的担保的,债权人可以请求保证人或者物的担保人承担担保责任。当事人对保证担保的范围或者物的担保的范围没有约定或者约定不明的,承担了担保责任的担保人,可以向债务人追偿,也可以要求其他担保人清偿其应当分担的份额。

同一债权既有保证又有物的担保的,物的担保合同被确认无效或者被撤销,或者担保物因不可抗力的原因灭失而没有代位物的,保证人仍应当按合同的约定或者法律的规定承担保证责任。

债权人在主合同履行期届满后怠于行使担保物权,致使担保物的价值减少或者毁损、灭失的,视为债权人放弃部分或者全部物的担保。保证人在债权人放弃权利的范围内减轻或者免除保证责任。

《物权法》第194条第2款:债务人以自己的财产设定抵押,抵押权人放弃该抵押权、抵押权顺位或者变更抵押权的,其他担保人在抵押权人丧失优先受偿权益的范围内免除担保责任,但其他担保人承诺仍然提供担保的除外。

《物权法》第218条规定:质权人可以放弃质权。债务人以自己的财产出质,质权人放弃该质权的,其他担保人在质权人丧失优先受偿权益的范围内免除担保责任,但其他担保人承诺仍然提供担保的除外。

专家解析:

案例1是关于人保和物保并存时,担保人之间能否互相追偿的问题。根据《担保法司法解释》第38条第1款的规定,担保人之间是可以互相追偿的,但《物权法》对此做了不同的规定,其第176条只规定了"提供担保的第三人承担担保责任后,有权向债务人追偿"。并没有规定担保人之间的追偿,因为立法者认为担保人之间没有任何法律关系,允许互相追偿实质上是法律强行在他们之间设立了互相担保,有违担保人的初衷,还可能造成多次追偿的缺点等。因此,担保人之间是不可以互相追偿的,案例1中王五无权要求张二分担一半责任。

案例2中,李四将宝马车还给了张三,也就是放弃了宝马车的质押担保,这对张二的保证担保会有影响吗？案例3中,李四放弃的是第三人王五提供的商铺抵押,这对张二的保证责任的承担是否又会有影响？根据《物权法》第194条第2款的规定和第218条的规定,当人保和物保并存时,《物权法》只承认债务人以自己的财产提供物保时,债权人放弃的,保证人在物保的范围内免除担保责任。如果物的担保是第三人提供的,那么此时物保和人保处于同等法律地位,债权人有权选择让物保来承担还是由人保来承担, 放弃任何一个对另一个的责任承担不构成影响。

15.抵押权、质押权、留置权同时存在于一财产上时,哪个优先

案例：

李某听说丙地的天麻质量很好, 于是打算去采购一批运回本地销售,因资金紧张,李某以其价值30万的轿车一辆作为抵押,向县信用社贷款10万元,双方在当地的车管所办理了车辆的抵押登记。一个月后,李某运会一批天麻进行销售,效益很好,于是其又向朋友王某借款10万,并用抵押过同一辆车作为担保质押给王某,王某将李某的车开回家后将10万块钱交给李某。天有不测风云,李某的第二批天麻在运输途中遭遇事故,付出的30万都打了水漂,没过几个月,信用社和王某的借款期限就到了。李某实在还不出钱,只能让信用社和王某去处理那辆轿车。而此时车辆正在维修店里维修,因为王某将车停在自己的院子中,不想无缘无故发生了自燃,幸好王某发现及时,扑灭了火并将车送到维

修店维修。维修店提出如果不先付清维修费 2 万元，就不交付车辆。各方协商后，决定还是只能变卖车辆来清偿各自的债务，但经评估，李某的车现在只值 18 万了。对于变卖后的价款如何分配，信用社、王某、维修店产生了分歧，信用社认为自己的抵押权设立在先，而且还经过了登记，应当优先受偿；王某则认为自己享有的是质押权，车辆由其保管，自己应优先受偿；而维修店则认为，现在车在自己手上，自己掌握着主动权，自己一旦卖掉车辆，扣除 2 万元维修费后返还给李某，那么信用社和王某很可能一分钱都得不到。

那么，在法律上，抵押权、质押权、留置权究竟是哪个优先呢？

相关法条：

《物权法》第 239 条：同一动产上已设立抵押权或者质权，该动产又被留置的，留置权人优先受偿。

《担保法司法解释》第 79 条：同一财产法定登记的抵押权与质权并存时，抵押权人优先于质权人受偿。

同一财产抵押权与留置权并存时，留置权人优先于抵押权人受偿。

专家解析：

《担保法司法解释》和《物权法》都对这个问题作出了规定，根据《担保法司法解释》第 79 条规定和《物权法》第 239 条的规定，抵押权、质押权、留置权的次序是这样的：留置权优先于抵押权、质押权；法定登记的抵押权优先于质押权。

结合本案例，对于买车所得的 18 万元，应先支付维修店的 2 万元维修费，再清偿信用社的 10 万元欠款和利息，剩余部分在清偿王某的 10 万元欠款和利息，对于不足弥补的部分，王某只能以普通债权的形式继续向李某追讨了。

16.抵押、质押是否会过期

案例：

　　A县信用社分管贷款的赵副行长每天非常关心的一个问题就是各笔放出去的贷款，所对应的抵押是否到期了，因为抵押合同上一般都约定了"抵押期间"，但有时候贷款会延期，那就难免造成"抵押到期"的时间早于贷款到期时间，如果一旦贷款回不来，而抵押又已经过期了，那岂不是要形成坏账了？抵押、质押作为有效的担保，在很大程度上是银行及其他民事主体的定心丸，一旦抵押、质押无效，债权沦为普通债权，要和其他债权人一起站在同一起跑线，向债务人追偿，那将是一件很不靠谱的事情。那么，这么重要的抵押、质押究竟有没有有效期限的说法呢，如果超过了合同约定的期限，抵押权、质押权是不是就不能行使了呢？

相关法条：

　　《担保法司法解释》第12条：当事人约定的或者登记部门要求登记的担保期间，对担保物权的存续不具有法律约束力。

　　担保物权所担保的债权的诉讼时效结束后，担保权人在诉讼时效结束后的二年内行使担保物权的，人民法院应当予以支持。

　　《物权法》第202条：抵押权人应当在主债权诉讼时效期间行使抵押权；未行使的，人民法院不予保护。

专家解析：

　　《担保法司法解释》对此给予了明确的回应：担保物权不受担保期

间的限制,无论是当事人自己约定,还是登记部门要求,登记在登记簿上的担保期间是没有限制作用的。但也不是说,担保物权就永远受到法律的保护,如果主债权的诉讼时效到期后,债权人还没向担保人主张行使担保物权,那么法律就不保护了。这样规定是督促债权人尽早行使自己的权利,降低时间成本和金钱成本。

值得注意的是,保证担保是有保证期间的,如果当事人之间没有约定或约定不明确的,应该按照法律规定的保证期间承担保证责任,具体见保证一章。

 ## 17.担保期间,担保物灭失或被征收了怎么办

案例:

甲某向银行贷款50万元人民币,乙某以自家房屋(价值30万元,未保险)向银行提供抵押担保,约定担保金额25万元人民币,丙某与银行提供连带保证担保,没有约定保证担保的金额,但约定丙某只承担银行行使对乙某的抵押权后还未清偿的部分。银行向甲某提供贷款50万元后,在一次洪水中,乙某的房屋被洪水冲走。借款到期后,甲某无力偿还银行贷款,银行遂向法院起诉,要求甲偿还贷款,乙、丙承担担保责任。

请问,担保物灭失后,担保人是否要承担责任,对保证人的保证责任是否有影响?

相关法条:

《担保法》第58条:抵押权因抵押物灭失而消灭。因灭失所得的赔

偿金,应当作为抵押财产。

《担保法》第 73 条:质权因质物灭失而消灭。因灭失所得的赔偿金,应当作为出质财产。

《担保法司法解释》第 80 条:在抵押物灭失、毁损或者被征用的情况下,抵押权人可以就该抵押物的保险金、赔偿金或者补偿金优先受偿。

抵押物灭失、毁损或者被征用的情况下,抵押权所担保的债权未届清偿期的,抵押权人可以请求人民法院对保险金、赔偿金或补偿金等采取保全措施。

《物权法》第 44 条:因抢险、救灾等紧急需要,依照法律规定的权限和程序可以征用单位、个人的不动产或者动产。被征用的不动产或者动产使用后,应当返还被征用人。单位、个人的不动产或者动产被征用或者征用后毁损、灭失的,应当给予补偿。

《物权法》第 174 条:担保期间,担保财产毁损、灭失或者被征收等,担保物权人可以就获得的保险金、赔偿金或者补偿金等优先受偿。被担保债权的履行期未届满的,也可以提存该保险金、赔偿金或者补偿金等。

专家解析:

物的担保以担保物的存在为前提,如果在担保期间担保物出现灭失、毁损或被征收的情况,对债权人是非常不利的,因为这意味着债权人失去了这一道保障。但在担保物因灭失、毁损或被征收而获得保险金、赔偿金、补偿金等代位物的情况下,为了保护债权人的利益,《担保法》《担保法司法解释》和《物权法》都赋予了债权人对代位物优先受偿的权利。如果担保人所担保的债权还没有到期,则可以将代位物提存。提存,是指通过将标的物交给提存机关而消灭债务的制度。在本案例中,因乙某的房屋未投保,所以在发生自然灾害而灭失的情况下,没有其他代位物,因此银行对乙某房屋的抵押权也随之丧失。

银行对乙某房屋抵押权的丧失,对丙某的保证责任有何影响呢?本来丙某承担责任的次序是排在乙某之后的,正常情况下,乙某承担了25万元之后,丙某应承担的份额也是25万元,现在乙某不用承担担保责任了,是否意味着丙某应承担50万的清偿责任了呢?的确如此,因为按照《担保法司法解释》第38条的规定,物保和人保并存的情况下,一旦物保因各种原因而不承担责任了,同时提供人保的保证人又没有和债权人约定保证份额的,那么,保证人就要承担全部的担保责任了。

通过这个案例,我们在以后担保过程应注意以下几点:

如果是债权人,在接受金额较大的财产作为担保物时,应要求担保人投保或自行投保,以便在担保物因意外事故灭失时,可以就保险金优先受偿;

如果是保证人,在提供保证时最好能限定自己承担保证责任的金额,避免超出自己能承受范围之外的损失。

第二章 保 证

 1.保证的内容是否仅限于金钱

案例:

　　小华是某美术学院学油画的学生,在校期间曾多次获奖,在老师和同学中小有名气。随着知名度的提高,天艺展览中心的负责人王总找到小华,希望小华能为展览中心创作几幅作品,小华答应了。同时,小华了解到展览中心也需要几幅山水画进行展出,因此推荐了自己的好朋友小丁,王总对小丁不甚了解,怕他拿不出像样的作品,因此犹豫再三。小华得知这个情况后,对王总表示,如果小丁拿不出符合要求的作品,就由自己来创作交稿,王总最后同意了。天艺展览中心分别和小华、小丁签署了《委托创作协议》,并由小华出具《保证书》一份,约定"如果小丁未能按照《委托创作协议》的要求按时交付合格作品,则由保证人小华负责履行创作义务"。创作期限届满后,小华按期交付了作品,但小丁因出门旅行,并未创作出任何作品,王总找到小华,要求其交付山水画,但小华表示自己学到油画,并不会画山水画,因此自己无法代替小丁来交稿。

　　请问,小华为小丁交付作品的行为提供担保是否有效,天艺展览中心应该如何维护自己的权益?

相关法条：

《担保法》第 6 条：本法所称保证，是指保证人和债权人约定，当债务人不履行债务时，保证人按照约定履行债务或者承担责任的行为。

《担保法司法解释》第 13 条：保证合同中约定保证人代为履行非金钱债务的，如果保证人不能实际代为履行，对债权人因此造成的损失，保证人应当承担赔偿责任。

《担保法司法解释》第 26 条：第三人向债权人保证监督支付专款专用的，在履行了监督支付专款专用的义务后，不再承担责任。未尽监督义务造成资金流失的，应当对流失的资金承担补充赔偿责任。

《担保法司法解释》第 27 条：保证人对债务人的注册资金提供保证的，债务人的实际投资与注册资金不符，或者抽逃转移注册资金的，保证人在注册资金不足或者抽逃转移注册资金的范围内承担连带保证责任。

专家解析：

本案例中，小华和天艺展览中心都是合格的主体，小华出具了书面的《保证书》，天艺展览中心接受，与一般保证不同的是，小华所保证的债务人的行为而不是金钱给付。虽然金钱给付也是一种行为，但因为金钱是一般等价物，代为履行金钱义务和代为履行非金钱义务还是有区别的，《担保法》第 6 条只是笼统地规定了"按照约定履行债务或者承担责任"，而《担保法司法解释》对履行金钱债务和履行非金钱债务做了区分，保证人不能履行金钱债务的，债权人可能将面临损失；而保证人不能履行非金钱债务的，可以用金钱赔偿来弥补。

因此，本案中小华提供的保证是合法有效的，因其无法代为履行交付作品的义务，因此对于天艺展览中心遭受的损失，应承担赔偿责任。

2.什么是最高额保证

案例：

　　王某从事养猪行业将近 5 年，为了扩大养殖规模和方便资金周转，王某打算向本县信用社借款。2003 年 4 月 18 日，王某与信用社签订了一笔 5 万元的《借款合同》，同日，信用社与王某、李某、蒋某签订最高额保证合同，约定由李某、蒋某对王某自 2003 年 4 月 18 日起至 2008 年 4 月 18 日止在信用社办理约定的各类业务实际形成的债权最高余额折合人民币 10 万元提供担保，保证方式为连带责任保证，保证期间为主合同约定的债务人履行债务期限届满之日起二年；保证范围包括债务人依主合同与债权人发生的全部债务本金、利息、逾期利息、复利、罚息、违约金、损害赔偿金等债权人实现债权的一切费用。2003 年 4 月 18 日起至 2008 年 4 月 18 日期间，王某多次还款又多次借款，至 2008 年 4 月 18 日，王某剩余欠款共计 12 万元，全部已经到期。因王某未能还清欠款和本金，信用社要求李某、蒋某承担连带保证责任。

　　请问，李某、蒋某是否应承担责任，应承担多少？

相关法条：

　　《担保法》第 14 条：保证人与债权人可以就单个主合同分别订立保证合同，也可以协议在最高债权额限度内就一定期间连续发生的借款合同或者某项商品交易合同订立一个保证合同。

　　《担保法》第 27 条：保证人依照本法第十四条规定就连续发生的债权作保证，未约定保证期间的，保证人可以随时书面通知债权人终止保证合同,但保证人对于通知到债权人前所发生的债权,承担保证责任。

《担保法司法解释》第 23 条:最高额保证合同的不特定债权确定后,保证人应当对在最高债权额限度内就一定期间连续发生的债权余额承担保证责任。

专家解析:

最高额保证是指债权人和保证人约定,在最高债权限额内由保证人对一定期间连续发生的债权提供保证,最高额保证具有以下特点:

普通保证是在主债权实际存在的前提下设定的,而最高额保证可以不受此条件的制约而对将来才发生的债权提供担保。本案例中,李某、蒋某就是对 2003 年 4 月 18 日起至 2008 年 4 月 18 日这段期间发生的借款提供担保,在保证人提供保证担保的时候,借款实际并未发生或并未全部发生,具体金额也是不确定的。

最高额保证有一个期间的限制,如本案例中的 2003 年 4 月 18 日起至 2008 年 4 月 18 日,如果当事人之间没有约定这个期间,则按照《担保法》第 27 条的规定,保证人可以随时终止保证合同,并对终止前所发生的债权承担保证责任。

最高额保证有一个最高额限度.这个限度主要是为了不让保证人承担无法预料、无法承受的责任,在本案例中"10 万元人民币"就是这个限度,保证人最多只承担这个限度的保证责任。

最高额保证的保证人只有在保证保证期间届满后才承担保证责任,也就是说,保证期间内无论发生多少笔借款、还款,保证人都不及时承担保证责任,而是在保证期间届满后进行结算,看债务人还有多少剩余债务没有清偿,保证人再对剩余债务承担保证责任。

综上,本案例中,李某、蒋某应当承担保证责任,但因为最高额限度是 10 万,因此信用社最多只能要求李某或蒋某承担 10 万元的保证责任。

3.哪些人／单位可以成为保证人

案例：

徐某承包 A 建筑公司的外墙面工程,在承包期间,徐某与 B 公司、A 建筑公司下属的天河项目部签订建筑周转材料租赁合同, 约定徐某向 B 公司租用建筑周转材料。合同签订后,天河项目部在合同上加盖印章,为徐某提供连带保证担保。租赁期限届满后,徐某欠 B 公司租金等各项费用总计 24 万元,B 公司经多次催讨无果,遂将徐某和 A 建筑公司诉至法院,要求徐某支付租金,A 建筑公司承担连带保证责任。请问,本案例中的天河项目部对外提供担保是否有效?

相关法条：

《担保法》第 7 条:具有代为清偿债务能力的法人、其他组织或者公民,可以作保证人。

《担保法》第 8 条:国家机关不得为保证人,但经国务院批准为使用外国政府或者国际经济组织贷款进行转贷的除外。

《担保法》第 9 条:学校、幼儿园、医院等以公益为目的的事业单位、社会团体不得为保证人。

《担保法》第 10 条:企业法人的分支机构、职能部门不得为保证人。企业法人的分支机构有法人书面授权的,可以在授权范围内提供保证。

《担保法司法解释》第 15 条:担保法第七条规定的其他组织主要包括:

(一)依法登记领取营业执照的独资企业、合伙企业;

（二）依法登记领取营业执照的联营企业；

（三）依法登记领取营业执照的中外合作经营企业；

（四）经民政部门核准登记的社会团体；

（五）经核准登记领取营业执照的乡镇、街道、村办企业。

《担保法司法解释》第 16 条：从事经营活动的事业单位、社会团体为保证人的，如无其他导致保证合同无效的情况，其所签订的保证合同应当认定为有效。

专家解析：

保证担保属于人的担保范畴，是以保证人的信誉和不特定的财产为他人的债务提供担保，保证人自身是否具有代偿能力，对实现保证的目的无疑是极其重要的，因此保证人必须是法律允许的具有合法主体资格的民事主体。保证担保合同效力的认定，首先就是对保证人主体资格的审查。《担保法》、《担保法司法解释》对哪些主体可以作为保证人，哪些主体不能作为保证人做出了规定，但在实践操作中的认定还是存在一定困难。

本案例中的项目部是建筑企业针对单项工程建筑项目进行施工管理而成立的，代理企业履行《建设工程施工合同》，负责施工项目全过程生产经营管理的组织机构，是建筑企业在工地现场的代表机构，其本身不具有法人资格。根据《担保法》第 10 条，项目部不具有担保资格，因此本案例中天河项目部所提供的担保应属无效担保。

担保被认定为无效后，应按照《担保法司法解释》第 7 条、第 8 条的规定进行民事责任的划分，本案例中，天河项目部明知自己不具有担保人资格而为徐某提供保证担保，显然存在过错，而 B 公司在与天河项目部确立保证担保关系时，应审查其有无保证资格，B 公司明知对方是项目部而同意其提供担保，没有尽到妥善的注意和审查义务，对担保行为无效也有过错，应当根据其过错承担相应的民事责任。但项目部一般仅是为实施特定项目施工而成立的临时性及一次性内部组织机构，资产不固定，往往在工程竣工验收交付使用时即被终止，要求项目部直接以自己的财产承担责任，显然不利于债权人利益的保护，而让建筑企业直接承担其下属项目部的无效保证责任，既有利于赔偿责任的实现，也可以促使建筑企业加强对项目部的监管。所以天河项目部对外提供无效担保的民事责任最终还是由 A 建筑公司承担。

4.企业分支机构、职能部门的担保被认定为无效后，责任如何承担

案例：

　　某水泥厂向银行申请贷款，银行表示须提供担保。水泥厂将此事告知某建材厂下属营业部。营业部考虑到其与水泥厂业务往来密切，便就提供担保一事向建材厂书面请示。建材厂经理在请示报告上签署了"准予营业部酌情处理"的意见。此后，营业部为水泥厂提供保证人担保，水泥厂顺利贷款。后水泥厂经营发生亏损，无法偿贷，银行要求建材厂承担还款责任，遭拒。银行向法院起诉，要求建材厂承担连带责任。建材厂辩称，营业部只是该厂分支机构，没有资格作保证人，故保证合同无效，该厂不承担责任。

　　请问，水泥厂是否应承担责任？

相关法条：

　　《担保法》第 29 条：企业法人的分支机构未经法人书面授权或者超出授权范围与债权人订立保证合同的，该合同无效或者超出授权范围的部分无效，债权人和企业法人有过错的，应当根据其过错各自承担相

应的民事责任;债权人无过错的,由企业法人承担民事责任。

《担保法司法解释》第 17 条:业法人的分支机构未经法人书面授权提供保证的,保证合同无效。因此给债权人造成损失的,应当根据担保法第五条第二款的规定处理。

企业法人的分支机构经法人书面授权提供保证的, 如果法人的书面授权范围不明, 法人的分支机构应当对保证合同约定的全部债务承担保证责任。

企业法人的分支机构经营管理的财产不足以承担保证责任的,由企业法人承担民事责任。

企业法人的分支机构提供的保证无效后应当承担赔偿责任的,由分支机构经营管理的财产承担。企业法人有过错的,按照担保法第二十九条的规定处理。

《担保法司法解释》第 18 条:企业法人的职能部门提供保证的,保证合同无效。债权人知道或者应当知道保证人为企业法人的职能部门的,因此造成的损失由债权人自行承担。

债权人不知保证人为企业法人的职能部门,因此造成的损失,可以参照担保法第五条第二款的规定和第二十九条的规定处理。

《担保法》第 5 条第 2 款:担保合同被确认无效后,债务人、担保人、债权人有过错的,应当根据其过错各自承担相应的民事责任。

专家解析:

法人的分支机构是根据法人的意志在法人总部之外依法设立的法人分部,其活动范围限于法人的活动范围内,法人的分支机构是法人内部职能部门。一般没有独立的财产,也不能独立地承担民事法律责任,它们只能按照企业法人的指示开展各项业务。

法人的职能部门不能对外提供担保,而法人的分支机构只有在法人授权的情况下才能提供担保。如果因为职能部门或分支机构提供担保导致担保无效的话,应该按下表承担责任:

保证人	是否有效	责任承担
职能部门	无效	债权人知道是职能部门:债权人自行承担
		债权人不知道是职能部门:企业法人承担
分支机构	有法人授权:有效	分支机构承担,不足部分由法人承担
	无法人授权或超出授权范围:无效或超出部分无效	债权人有过错:根据过错各自承担债权人
		债权人无过错:企业法人承担

应该注意的是，如果分支机构需要承担担保责任或因担保无效而要承担民事责任呢,因为分支机构不具有独立承担民事责任的能力,分支机构的财产属于法人所有,当发生纠纷,分支机构有财产的,则以分支机构财产承担保证责任。如果分支机构没有独立财产或财产不足以承担责任的,应由分支机构的法人承担责任。

本案例中,建材厂营业部在提供保证担保时曾向建材厂请示,建材厂作出批示,视为已经授权。在这种情况下,营业部的保证行为应该有效,其后果应由建材厂承担。至于在合同中加盖的是营业部公章还是建材厂公章,并不影响保证合同的效力及保证责任的范围。在主债务人水泥厂不能履行合同时,建材厂应连带清偿借款本息。

 5.口头约定的保证是否有效

案例:

甲建筑公司拖欠供应商乙公司货款 100 万元, 乙公司多次催讨无果后打算走法律途径维护自身权益。甲建筑公司在收到乙公司委托律师发的律师函后，与乙公司协商分期还清欠款并出具了每月的还款计划，最迟在 3 个月内还清。但乙公司不同意，除非甲建筑公司提供担保，此时，甲建筑公司的负责人吕某提出："如果公司在 3 个月内还不出钱，就由我来还。"于是乙公司又给了甲建筑公司 3 个月的期限。3 个月后，甲建筑公司未能还清欠款。

请问，此时乙公司能否要求吕某承担保证人的担保责任？

相关法条：

《合同法》第 10 条：当事人订立合同，有书面形式、口头形式和其他形式。法律、行政法规规定采用书面形式订立的，应当采用书面形式。

《担保法》第 13 条：保证人与债权人应当以书面形式订立保证合同。

专家解析：

虽然根据合同法的规定，当事人之间可以采取口头的方式来达成合同约定，但因为口头合同有其自身的弊端，比如发生纠纷时当事人举证困难，法院难以进行取证、查明事实情况，各方当事人的责任难以认定。担保又不同于一般的合同，担保的设立给担保人附加了额外的义务，如果没有书面材料作为证据，很难认定担保合同的成立，因此《担保法》第 13 条对保证合同的形式做了特别规定，应当采用书面形式。

本案例中，吕某只是口头上承诺对甲建筑公司的还款义务提供担保，并没有签订书面文件，根据《担保法》第 13 条的规定，该口头承诺是不具有法律效力的。

对于债权人而言，如果对方愿意提供担保的，一定要签订书面的《保证合同》或者要求对方出具《保证书》，不能仅凭对方的一面之词而要求对方承担保证责任。

6.保证合同应包含哪些内容

相关法条：

《担保法》第 15 条:保证合同应当包括以下内容:

(一)被保证的主债权种类、数额;

(二)债务人履行债务的期限;

(三)保证的方式;

(四)保证担保的范围;

(五)保证的期间;

(六)双方认为需要约定的其他事项。

保证合同不完全具备前款规定内容的,可以补正。

专家解析：

《担保法》第 15 条对保证合同的内容作出了规定,但这不是强制性规定,当事人之间如果有别的事项需要特别约定也可以,如果不具备法条规定的全部内容,有两个办法解决:一是当事人直接协商补正;二是如果协商不成则可以根据法律的规定来确定, 比如保证方式没约定或约定不清楚的,按法律的规定就属于连带责任保证。

保证合同的主债权种类、数额:主债权的种类一般区分为借贷、买卖、货物运输、加工承揽等债务。主债权的种类不以金钱债权为限,也可以是非金钱债权。

债务人履行债务的期限: 债务期限届满是判断债务人是否违约的时间点,因此也是考量保证人是否可能承担保证责任的时间点。比如债权人与债务人约定借款时间为 3 年, 那么 3 年到期, 如果债务人还了钱,那保证人就不用承担责任;如果债务人没还钱,保证人就可能要承担保证责任了。

保证方式：是指保证人承担保证责任的形式，是从保证人和债务人承担责任的关系的角度来说的，保证方式分为一般保证和连带保证。一般保证中，保证人只有在强制执行了债务人的财产后，仍然无法清偿债务的情况下才承担保证责任；连带保证中，只要债务人没有履行债务，不管债务人是否有能力履行，债权人都可以要求债务人或保证人承担责任。也就是说，一般保证的保证人是排在债务人后边的，只有债务人的确没有财产可以清偿债务了，保证人才承担责任；而连带保证中，保证人和债务人是站在同一条线上的，保证人要和债务人一起、同时承担责任。

保证担保的范围：是指保证人在多大范围内承担责任，也就是要对哪些债务、费用进行清偿，这个可以由当事人自由约定，如果没有约定或约定不清楚，法律规定的范围是"主债权及利息、违约金、损害赔偿金和实现债权的费用"。

保证期间：是指保证人承担保证责任的期间，从债权人角度而言，就是债权人要在保证期间内要求保证人承担保证责任，超过该期间，保证人就可以不用承担保证责任。因此，对于债权人而言，因特别注意要及时行使自己的权利；而对保证人而言，如果债权人迟迟不要求自己承担责任，一旦过了保证期间，债权再来主张的话，保证人就可以理直气壮地拒绝了。

 7.一般保证和连带保证的区别

案例 1：

甲某向乙某借款 5 万元，借款期限 1 年，丙某提供保证担保，保证条款是这样表述的:如果甲某在借款到期后不能还清本金和利息,则由丙某负责清偿。

案例 2:

甲某向乙某借款 5 万元,借款期限 1 年,丙某提供保证担保,保证条款是这样表述的:如果甲某在借款到期后不还清本金和利息,则由丙某负责清偿。

案例 3:

甲某向乙某借款 5 万元,借款期限 1 年,丙某提供保证担保,保证条款是这样表述的:丙某对甲某的还款义务承担保证责任。

请问,上述案例中丙方承担的连带保证责任还是一般保证责任,这两者有何区别?

相关法条:

《担保法》第 16 条:保证的方式有:

(一)一般保证;

(二)连带责任保证。

《担保法》第 17 条:当事人在保证合同中约定,债务人不能履行债务时,由保证人承担保证责任的,为一般保证。

一般保证的保证人在主合同纠纷未经审判或者仲裁,并就债务人财产依法强制执行仍不能履行债务前,对债权人可以拒绝承担保证责任。

有下列情形之一的,保证人不得行使前款规定的权利:

(一)债务人住所变更,致使债权人要求其履行债务发生重大困难的;

(二)人民法院受理债务人破产案件,中止执行程序的;

(三)保证人以书面形式放弃前款规定的权利的。

《担保法》第18条:当事人在保证合同中约定保证人与债务人对债务承担连带责任的,为连带责任保证。

连带责任保证的债务人在主合同规定的债务履行期届满没有履行债务的,债权人可以要求债务人履行债务,也可以要求保证人在其保证范围内承担保证责任。

《担保法》第19条：当事人对保证方式没有约定或者约定不明确的,按照连带责任保证承担保证责任。

《担保法司法解释》第25条:担保法第十七条第三款第(一)项规定的债权人要求债务人履行债务发生的重大困难情形,包括债务人下落不明、移居境外,且无财产可供执行。

《担保法司法解释》第33条:主合同对主债务履行期限没有约定或者约定不明的,保证期间自债权人要求债务人履行义务的宽限期届满之日起计算。

专家解析：

一般保证是指保证人在债务人无法清偿债务的情况下,才承担保证责任的方式。连带保证是指只要债务人没有按期清偿债务,保证人就要承担保证责任的方式。两者的区别主要有以下几个方面:

	开始承担保证责任的时间	先诉抗辩权	承担责任的范围
一般保证	依法强制执行债务人的财产仍不能清偿债务时	享有	强制执行债务人财产后仍无法清偿部分
一般保证	债务履行期届满时	不享有	债务履行期届满时未清偿部分

8.什么是保证期间

案例：

2008 年 1 月 15 日，张三向李四借款 10 万元，借款期限一年，王五提供连带保证担保。2008 年 1 月 15 日，张三未能向李四还款，李四未催讨，也未要求王五承担保证责任。2008 年 10 月 21 日，李四找到王五，要求其承担保证责任。

请问，此时王五是否有权拒绝承担保证责任？

相关法条：

《担保法》第 25 条：一般保证的保证人与债权人未约定保证期间的，保证期间为主债务履行期届满之日起 6 个月。

在合同约定的保证期间和前款规定的保证期间，债权人未对债务人提起诉讼或者申请仲裁的，保证人免除保证责任；债权人已提起诉讼或者申请仲裁的，保证期间适用诉讼时效中断的规定。

《担保法》第 26 条：连带责任保证的保证人与债权人未约定保证期间的，债权人有权自主债务履行期届满之日起 6 个月内要求保证人承担保证责任。

在合同约定的保证期间和前款规定的保证期间，债权人未要求保证人承担保证责任的，保证人免除保证责任。

《担保法司法解释》第 32 条：保证合同约定的保证期间早于或者等于主债务履行期限的，视为没有约定，保证期间为主债务履行期届满之日起 6 个月。

保证合同约定保证人承担保证责任直至主债务本息还清时为止等类似内容的,视为约定不明,保证期间为主债务履行期届满之日起2年。

《担保法司法解释》第 33 条:主合同对主债务履行期限没有约定或者约定不明的,保证期间自债权人要求债务人履行义务的宽限期届满之日起计算。

《担保法司法解释》第 37 条:最高额保证合同对保证期间没有约定或者约定不明的,如最高额保证合同约定有保证人清偿债务期限的,保证期间为清偿期限届满之日起 6 个月。没有约定债务清偿期限的,保证期间自最高额保证终止之日或自债权人收到保证人终止保证合同的书面通知到达之日起 6 个月。

专家解析:

《担保法》规定了保证期间来保护保证人的权利,敦促债权人及时行使权力。债权人应该在保证期间内要求保证人承担保证责任,否则,保证人有权拒绝。当事人可以自行约定保证期间,如果没有约定,则按照法定的保证期间执行,法定保证期限为主债务履行期届满之日起 6 个月;如果是有约定,但约定不明,则保证期间为主债务履行期届满之日起 2 年。根据保证方式的不同,保证期间内债权人应采取的措施也不同,如果债权人没有采取措施,则保证人免除保证责任:(1)一般保证下,债权人应在保证期间内对债务人提起诉讼或仲裁;(2)连带保证下,债权人应在保证期间内要求保证人承担保证责任。

本案例中,王五承担的连带保证责任,当事人对保证期间没有约定,因此按照法律的规定为债务履行届满之日起 6 个月,李四并没有在该期间内要求王五承担保证责任,因此王五已经免除了保证责任。

9.以新贷还旧贷,保证人是否承担保证责任

案例:

2004年3月,甲某以购买原料为由向某信用社申请借款40万元,约定借款期限自2004年3月起至2005年2月止,由乙某提供连带责任担保。2005年3月甲某结清借款利息后,就借款本金40万元,与信用社重新签订借款合同一份,约定借款期限自2005年3月起至2005年11月止,由乙某和丙某提供连带责任担保。

在两份保证合同上,保证人均在保证人处签了名,保证期限均为自借款之日起至贷款到期后两年,保证范围包括贷款本金、利息、贷款人实现债权的全部费用。贷款到期后,主债务人甲某未能还本付息,信用社要求乙某、丙某二人承担保证责任,乙某、丙某以信用社与甲某签订的第二份合同属于"以新贷还旧贷",且隐瞒了这一情况为由,主张保证合同无效,保证人不承担保证责任。

那么,对于"以新贷还旧贷"的情况,保证人是否应承担保证责任呢?

相关法条:

《担保法司法解释》第39条:主合同当事人双方协议以新贷偿还旧贷,除保证人知道或者应当知道的外,保证人不承担民事责任。

新贷与旧贷系同一保证人的,不适用前款的规定。

专家解析:

实践中,以新贷还旧贷这种形式,被一些金融机构普遍采用,作为消灭逾期贷款的重要手段,但由此会引发与担保人责任相关的法律问

题。本案例中,信用社与甲某就同一笔借款先后签订两份借款合同,第一份合同到期后,借款人甲某给付了利息,并就借款本金与信用社重新签订了第二份合同,通过新贷还旧贷使第一份合同的权利义务得以消灭,该第二份借款合同是当事人真实意思的体现,不违反法律、行政法规的强制性规定,应认定为合法有效。乙某为前后两份借款合同都提供了担保,而丙某并未对第一份借款合同提供担保,只是担保了第二份借款合同,对于第一份借款合同并不知情。对于这两种情况,《担保法司法解释》做了分别处理:"主合同当事人双方协议以新贷偿还旧贷,除保证人知道或者应当知道的外,保证人不承担民事责任。新贷与旧贷系同一保证人的,不适用前款的规定。"也就是说,如果保证人只是对新贷的借款合同提供了担保,并不知道"以新贷还旧贷"的事实的,则不用承担保证责任;如果保证人既是第一份借款合同的保证人,又是第二份借款合同的保证人的,那么其应该知道这可能属于"以新贷还旧贷"的情况,更重要的是,既然其对第一笔借款提供了担保,现在第二笔借款实质上对第一笔的延期,由保证人继续承担保证责任也并无不公。

在为"以新贷还旧贷"的借款合同提供担保时:

作为债权人,应明确告知保证人真实情况,避免出现保证无效的情况;

作为保证人,如果担保了第一份借款合同,再担保第二份借款合同时,应确定自己愿意继续承担保证责任。

 10.保证人偿还已过诉讼时效的债务能否追偿

案例:

甲企业向乙企业采购货物,由丙企业为甲企业提供担保,至合作结束,甲企业共拖欠乙企业货款 30 万元,乙企业一直未向甲企业追讨。5年后,甲企业经营陷入困境,乙企业找到甲企业要求偿还货款及利息,甲企业以债务已过诉讼时效为由拒绝了乙企业的要求。乙企业又找到丙企业,要求其承担保证人的担保责任,丙企业考虑到自己作为保证人签订了《保证合同》,遂承担了担保责任。丙企业支付货款和利息后,向甲企业追偿,遭到甲企业的拒绝。

请问,本案例中的丙企业是否有权拒绝承担担保责任,其承担担保责任后是否有权向甲企业追偿?

相关法条:

《民法通则》第 135 条:向人民法院请求保护民事权利的诉讼时效为二年,法律另有规定的除外。

《民法通则》第 138 条:超过诉讼时效期间,当事人自愿履行的,不受诉讼时效限制。

《最高人民法院关于贯彻执行〈民法通则〉若干问题的意见(试行)》第 171 条:过了诉讼时效期间,义务人履行义务后,又以超过诉讼时效为由反悔的,不予支持。

《担保法》第 20 条:一般保证和连带责任保证的保证人享有债务人的抗辩权。债务人放弃对债务的抗辩权的,保证人仍有权抗辩。

抗辩权是指债权人行使债权时,债务人根据法定事由,对抗债权人行使请求权的权利。

《最高人民法院关于审理民事案件适用诉讼时效制度若干问题的规定》第 21 条:主债务诉讼时效期间届满,保证人享有主债务人的诉讼时效抗辩权。

保证人未主张前述诉讼时效抗辩权,承担保证责任后向主债务人行使追偿权的,人民法院不予支持,但主债务人同意给付的情形除外。

《担保法司法解释》第 35 条:保证人对已经超过诉讼时效期间的债务承担保证责任或者提供保证的,又以超过诉讼时效为由抗辩的,人民法院不予支持。

专家解析：

诉讼时效是指民事权利受到侵害的权利人在法定的时效期间内不行使权利，当时效期间届满时，人民法院对权利人的权利不再进行保护的制度。在法律规定的诉讼时效期间内，权利人提出请求的，人民法院就强制义务人履行所承担的义务。而在法定的诉讼时效期间届满之后，权利人行使请求权的，人民法院就不再予以保护。债权人超过诉讼时效之前没有向债务人主张权利的，债务人就获得了诉讼时效届满的抗辩权。在本案例中，甲企业就是通过这个理由来拒绝支付货款的。根据《担保法》第20条，甲企业所享有的诉讼时效抗辩权，丙企业也享有，丙企业也可以以债权已经超过2年的诉讼时效为由拒绝承担保证责任。

诉讼时效届满后，债务人可以拒绝履行其义务，也可以自愿履行。对于保证人来说也是如此，但根据《最高人民法院关于审理民事案件适用诉讼时效制度若干问题的规定》第21条的规定，一旦保证人对超过诉讼时效的债务承担保证责任了，是不能向债务人追偿的，除非债务人同意支付。

因此，本案例中的丙企业可以以债权已过诉讼时效为由拒绝承担保证责任。但在他承担了保证责任后，除非甲企业同意赔偿，否则丙企业是难以向甲企业追偿的。

11.保证合同的诉讼时效

案例1：

1995年7月1日，甲某向乙某借款3万元，约定借款期限为1995

年7月1日到1997年7月1日,按季付息,到期还清本金和利息。丙某提供连带责任保证,保证期间为主合同债务履行期届满后1年。1997年7月1日,甲某没有按照约定偿还本金和最后的利息,1997年9月1日,乙某找到甲某和丙某,要求甲某清偿欠款和利息,要求丙某承担保证责任。

案例2:

1995年7月1日,甲某向乙某借款3万元,约定借款期限为1995年7月1日到1997年7月1日,按季付息,到期还清本金和利息。丙某提供一般保证,约定只有在甲某不能清偿欠款时,丙某才承担保证责任,双方对保证期间没有约定。1997年7月1日,甲某没有按照约定偿还本金和最后的利息,1997年9月1日,乙某将甲某和丙某起诉到法院,要求甲某清偿欠款和利息,要求丙某承担保证责任。

相关法条:

《担保法司法解释》第34条:一般保证的债权人在保证期间届满前对债务人提起诉讼或者申请仲裁的,从判决或者仲裁裁决生效之日起,开始计算保证合同的诉讼时效。

连带责任保证的债权人在保证期间届满前要求保证人承担保证责任的,从债权人要求保证人承担保证责任之日起,开始计算保证合同的诉讼时效。

《担保法司法解释》第36条:一般保证中,主债务诉讼时效中断,保证债务诉讼时效中断;连带责任保证中,主债务诉讼时效中断,保证债务诉讼时效不中断。

一般保证和连带责任保证中,主债务诉讼时效中止的,保证债务的诉讼时效同时中止。

专家解析:

保证担保除了有保证期间,还有诉讼时效。债权人不在保证期间内采取措施的话,保证人免除保证责任,债权人不在诉讼时效内要求保证人承担保证责任的话,保证人有权不承担保证责任。根据保证方式的不同,保证的诉讼时效起算点也不同:(1)一般保证中,保证合同的诉讼时效从主债务的判决或者仲裁裁决生效之日起开始计算;(2)连带保证中,保证合同的诉讼时效从债权人要求保证人承担保证责任之日起开始计算。

案例1中,丙某承担的是连带保证责任,诉讼时效从乙某要求丙某承担保证责任之日起计算,也就是1997年9月1日,乙某应在1997年9月1日起2年内起诉丙某,请求法院维护自己的权利,如果没有诉讼时效中止、中断的情形,乙某没在2年内提起诉讼,那么乙某的请求将不再得到法律的保护。

案例2中,丙某承担的是一般保证责任,诉讼时效从法院对甲某和乙某的债务作出判决之日前起算。

第三章 抵 押

 ## 1.什么是抵押担保

案例：

张三欠李四 20 万元钱，李四要求张三提供担保，张三拿出自己的房子作为抵押并在房管局办理了抵押登记，担保范围为主债权 20 万元及其利息、实现抵押权的费用等。后来张三到期未还钱，李四向法院起诉张三要求拍卖其抵押的房产用于清偿债务，本金加利息及其他费用共计 25 万元。房屋拍卖后获得价款 50 万，法院判决先支付李四 25 万元，剩余 25 万元归还张三。

以上是一个典型的抵押担保，请问抵押担保有什么特点？

相关法条：

《物权法》第 179 条：为担保债务的履行，债务人或者第三人不转移财产的占有，将该财产抵押给债权人的，债务人不履行到期债务或者发生当事人约定的实现抵押权的情形，债权人有权就该财产优先受偿。

前款规定的债务人或者第三人为抵押人，债权人为抵押权人，提供担保的财产为抵押财产。

《担保法》第 33 条：本法所称抵押，是指债务人或者第三人不转移对本法第 34 条所列财产的占有，将该财产作为债权的担保。债务人不履行债务时，债权人有权依照本法规定以该财产折价或者以拍卖、变卖该财产的价款优先受偿。

前款规定的债务人或者第三人为抵押人，债权人为抵押权人，提供担保的财产为抵押物。

专家解析：

抵押担保是物保的一种，其主要有以下特点：

与保证担保相比，抵押担保是建立在特定财产的价值基础上的，而保证是建立在保证人的信誉和资产状况基础上的。抵押担保中，债权人应重点关注抵押财产的价值、价值变动和抵押财产的安全，而保证担保中，债权人应重点关注保证人的信誉和财富变动状况。另外，抵押和保证一个很大的不同在于，抵押财产既可以由第三人提供，也可以由债务人提供，而保证担保中，只能由第三人来提供保证。

与质押担保相比，抵押担保的财产既可以是动产，如汽车、机器、珠宝字画，也可以是不动产，如房产、土地使用权、厂房等，而质押担保只能是动产。质押担保中，担保财产是要交付给债权人占有的，而抵押担保中，抵押财产还是和以前一样由提供抵押的人占有和使用，但如果想卖掉抵押财产则会受到一定的限制。

抵押权人有优先受偿的权利。抵押担保是以抵押物作为债权的担保，抵押权人对抵押物有控制、支配的权利。所谓控制权，表现在抵押权设定后，抵押人在抵押期间不得随意处分抵押物。所谓支配权，表现在抵押权人在实现抵押权时，对抵押物的价款有优先受偿的权利。优先受偿，是指当债务人有多个债权人，其财产不足以清偿全部债权时，有抵押权的债权人优先于其他债权人受偿。

2.什么是最高额抵押

案例：

王某从事门窗批发销售生意，因资金周转需要，经常向 A 银行短期贷款，每次 A 银行都要求王某以其商铺作为抵押担保，每周转一次就要办一次抵押担保，周转完后还要去撤销。王某觉得自己和 A 银行既然要长期这么操作，能不能有个简便点的担保手续，咨询当地的房管局后，王某得知自己这种情况的，可以和银行做一个最高额抵押担保，自己将商铺作价 50 万元抵给 A 银行，双方约定一个时间，比如 2 年，2 年内自己和 A 银行之间自由借款还款，2 年到期后进行结算，看自己欠 A 银行多少钱，如果自己还不了的话就将商铺折价或卖掉，所得价款优先给 A 银行，但因为当初约定商铺只抵给 A 银行 50 万，所以 A 银行最多只能拿走 50 万。

请问，根据王某的描述，什么是最高额抵押，它有什么特点？

相关法条：

《物权法》第 203 条：为担保债务的履行，债务人或者第三人对一定期间内将要连续发生的债权提供担保财产的，债务人不履行到期债务或者发生当事人约定的实现抵押权的情形，抵押权人有权在最高债权额限度内就该担保财产优先受偿。

最高额抵押权设立前已经存在的债权，经当事人同意，可以转入最高额抵押担保的债权范围。

《物权法》第 204 条：最高额抵押担保的债权确定前，部分债权转让的，最高额抵押权不得转让，但当事人另有约定的除外。

《物权法》第 205 条:最高额抵押担保的债权确定前,抵押权人与抵押人可以通过协议变更债权确定的期间、债权范围以及最高债权额,但变更的内容不得对其他抵押权人产生不利影响。

《物权法》第 206 条:有下列情形之一的,抵押权人的债权确定:

(一)约定的债权确定期间届满;

(二)没有约定债权确定期间或者约定不明确,抵押权人或者抵押人自最高额抵押权设立之日起满二年后请求确定债权;

(三)新的债权不可能发生;

(四)抵押财产被查封、扣押;

(五)债务人、抵押人被宣告破产或者被撤销;

(六)法律规定债权确定的其他情形。

《担保法》第 59 条:本法所称最高额抵押,是指抵押人与抵押权人协议,在最高债权额限度内,以抵押物对一定期间内连续发生的债权作担保。

《担保法》第 60 条:借款合同可以附最高额抵押合同。

债权人与债务人就某项商品在一定期间内连续发生交易而签订的合同,可以附最高额抵押合同。

《担保法》第 61 条:最高额抵押的主合同债权不得转让。

《担保法司法解释》第 81 条:最高额抵押权所担保的债权范围,不包括抵押物因财产保全或者执行程序被查封后或债务人、抵押人破产后发生的债权。

《担保法司法解释》第 82 条:当事人对最高额抵押合同的最高限额、最高额抵押期间进行变更,以其变更对抗顺序在后的抵押权人的,人民法院不予支持。

《担保法司法解释》第 83 条:最高额抵押权所担保的不特定债权,在特定后,债权已届清偿期的,最高额抵押权人可以根据普通抵押权的规定行使其抵押权。

抵押权人实现最高额抵押权时，如果实际发生的债权余额高于最高限额的，以最高限额为限，超过部分不具有优先受偿的效力；如果实际发生的债权余额低于最高限额的，以实际发生的债权余额为限对抵押物优先受偿。

专家解析：

《物权法》第 203 条和《担保法》第 59 条都对最高额抵押做出了明确的定义,在定义中我们应重点关注以下几点：

最高额限度,最高额抵押有一个最高额限度,如案例中的商铺作价 50 万抵押给银行,在办理抵押登记时,登记机关会在主债权额上填上 50 万。在王某不能清偿债务时,这个 50 万是一个上线,如果王某欠 A 银行 30 万,那么商铺拍卖后得到 60 万,A 银行首先拿走 30 万；如果王某欠 A 银行 60 万,那么 A 银行只能拿走 50 万,剩余 10 万只能作为没有担保的普通债权向王某主张,如果此时王某只剩下 10 万元的钱,还欠了 B 银行 10 万元,那么 A 银行和 B 银行就只能平均分配王某的 10 万元,每家银行 5 万元。

担保的债权范围,最高额抵押担保的债权具有将来发生性和不确定性,一般来说是先设定最高额抵押再发生债权的,也就是说借钱的事还没有发生就可以办最高额抵押了,而且一旦办了最高额抵押,在约定的期间内可以自由借钱、还钱,这些债权都在最高额抵押的担保范围内的。但《物权法》第 203 条第 2 款做了一个规定,如果当事人之间同意,那么即使是发生在最高额抵押设定前的债权，也是可以纳入担保范围的。另外,《担保法司法解释》第 81 条规定,如果抵押物因财产保全或执行程序而被查封了,或者债务人、抵押人破产了,那么这之后发生的债权将不被纳入最高额抵押的担保范围。

最高额抵押担保的债权能否转让? 一般来讲,转让债权是债权人的自由,如案例中,只要 A 银行同意,他可以将自己对王某的债权转让给资产管理公司。又比如张三欠李四5万块钱，李四因长期追讨不回来，他就可以低价转让给身材魁梧，大家都很畏惧的王五，王五给李四1万块，再去向张三追讨5万块。但一旦债权设定了担保，就会受到限制，对于最高额抵押担保而言，《担保法》与《物权法》的规定存在差别，根据《担保法》第61条的规定，最高额抵押的主债权是不能转让的，但因其存在很大的弊端，因此《物权法》第204条对此做了修改。根据《物权法》第204条的规定，最高额抵押的主债权是可以转让的，但如果是在最高额抵押担保的债权确定前转让的，且只转让部分的，那么最高额抵押是不转让的，也就是说转让出去的债权是不受最高额抵押担保的保护的，当然，该条款还是留了一个口子，如果当事人之间另有约定，还是可以按照约定来执行的。

最高额抵押能否变更？抵押权是抵押人和抵押权人根据各自的意愿设立的，一般情况下允许自由变更.但如果这种变更会影响到其他人的权利，那么就会受到限制。《物权法》第205条和《担保法司法解释》第82条都对此做出了规定，原则上允许，但不能对别的抵押权人产生不利影响。如本案例中的商铺如果价值60万，王某将其中的50万以最高额抵押的方式抵给A银行，剩余10万以普通抵押的方式抵给B银行，那么如果A银行想把最高额从50万变更到60万，就会侵害到B银行的利益，因为变更前，A银行最多只能先拿走50万，剩余10万B银行优先拿走，现在A银行的最高额变更为60万元后，如果王某不能清偿欠款，那么A银行最多可以先拿走60万，B银行就得拿了。所以，A银行这样的变更对B银行是没有效力的。

最高额抵押的债权什么时候确定？最高额抵押只有在主债权确定后才能实现，主债权确定其实就是一个清算，看看债务人一共还欠多少钱没还，没还的部分就在拍卖抵押物所得的价款中扣除。《物权法》第206条对主债权的确定时间做了明确规定:a.如果当事人之间明确约定了一个期间，那么这个期间到期，主债权就确定，如案例中王某与A银行约定的 2 年期限;b.如果没有约定期间的,就是最高额抵押设定之日起 2 年,比如王某和 A 银行于 1996 年 8 月 3 日到房管局设立最高额抵押,那么 1998 年 8 月 3 日,A 银行就可以要求确定债权了;c.新的债权不可能发生,如王某居家迁往国外,与国内银行再无往来;d.抵押财产被查封、扣押;e.债务人、抵押人被宣告破产或者被撤销;f.其他情形。

3.哪些财产可以作为抵押物

案例:

甲公司为实现企业的转型升级,打算引进国外进制造设备,于是向银行贷款 1000 万,银行要求甲公司提供抵押担保,甲公司提出自己现在有办公楼一幢,刚刚拍得的土地一块,生产设备一套,产品和原料若干,运输车辆 5 辆,正在建造的船舶一艘。

请问,甲公司提出的财产哪些可以用于办理抵押担保?

相关法条:

《物权法》第 180 条:债务人或者第三人有权处分的下列财产可以抵押:

(一)建筑物和其他土地附着物;

(二)建设用地使用权;

(三)以招标、拍卖、公开协商等方式取得的荒地等土地承包经营权;

(四)生产设备、原材料、半成品、产品;

(五)正在建造的建筑物、船舶、航空器;

（六）交通运输工具；

（七）法律、行政法规未禁止抵押的其他财产。

抵押人可以将前款所列财产一并抵押。

《担保法》第 34 条：下列财产可以抵押：

（一）抵押人所有的房屋和其他地上定着物；

（二）抵押人所有的机器、交通运输工具和其他财产；

（三）抵押人依法有权处分的国有的土地使用权、房屋和其他地上定着物；

（四）抵押人依法有权处分的国有的机器、交通运输工具和其他财产；

（五）抵押人依法承包并经发包方同意抵押的荒山、荒沟、荒丘、荒滩等荒地的土地使用权；

（六）依法可以抵押的其他财产。

抵押人可以将前款所列财产一并抵押。

《担保法司法解释》第 50 条：以担保法第三十四条第一款所列财产一并抵押的，抵押财产的范围应当以登记的财产为准。抵押财产的价值在抵押权实现时予以确定。

《担保法司法解释》第 51 条：抵押人所担保的债权超出其抵押物价值的，超出的部分不具有优先受偿的效力。

专家解析：

根据《物权法》第 180 条、《担保法》第 34 条和《担保法司法解释》第 51 条的规定，抵押物必须是抵押人对其享有所有权或者处分权的，必须是法律允许转让，并具有可让与性的，而其所担保的债权不得超出其自身价值。

关于抵押物的范围，《物权法》在《担保法》的基础上有所进步，《担保法》中并没有规定"生产设备、原材料、半成品、产品"和"正在建造的建筑物、船舶、航空器"可以作为抵押物。本案例中甲公司提供的财产都是可以作为抵押物的,其中办公楼属于建筑物,土地属于建设用地使用权,运输车辆属于交通工具,另外的生产设备、产品、原料、在建船舶都是在《物权法》第180条中有明确规定可以抵押的。甲公司可以选择其中的一个或多个抵给银行,也可以全部抵给银行。

4.哪些财产不可以作为抵押物

案例 1:

租赁物能否拿来抵押?

曹某从事木材运输工作,自己有一辆价值10万元的运输拖拉机,做了几年之后觉得运木材又辛苦又不稳定,而他在北京做服装生意的亲戚这两年都赚得盆满钵满的。几经思考之后,曹某决定和其亲戚一起去北京做生意,于是将自己的运输拖拉机租给了隔壁村的郑某,每年租金2万元。郑某接手曹某的拖拉机后,一开始跑了几趟运输,但后来生意越来越少,加上平时花钱大手大脚,半年下来,郑某不但没挣到钱,还欠了别人好多钱。其中欠最多的就是其远房亲戚赵某,在赵某的多次催讨下,郑某答应将拖拉机抵押给赵某,答应说如果自己在年底仍还不了钱,就用拖拉机抵债,赵某以为拖拉机是郑某自己的,于是便同意了。年底的时候,郑某不但还不出赵某的钱,还欠曹某2万元租金,此时赵某过来将拖拉机开走,曹某从北京回来后得知拖拉机被赵某开走了,遂将郑某和赵某告上法院,要求赵某返还拖拉机,要求郑某支付租金。

请问,不知情的赵某对拖拉机的抵押权是否有效,赵某是否有权开走拖拉机?

案例 2：

学校以教学楼提供抵押是否有效？

甲大学为了扩建运动场，向银行贷款 500 万元，银行要求提供抵押担保，甲大学于是将图书馆抵押给银行。

请问，甲大学抵押图书馆的行为是否有效？

案例 3：

学校以校园内的树木提供抵押是否有效？

甲大学为了修整运动场，向银行贷款 20 万元，银行要求提供抵押担保，甲大学负责人提出本校老师在十几年前种下了 10 棵广玉兰和 20 棵桂花树，现在市场价应该在 20 万元以上，希望以这些树木作为抵押担保。

请问，甲大学负责提出的以林木作为担保是否可行？

案例 4：

分家前的房屋能否提供抵押担保？

张三和张二是两兄弟，父母去世后留给他们两间房子，但兄弟俩一直未分家，生活在一起。有一天，王五找到张三说自己向李四借了 10 万块钱，李四要求提供担保，王五自己的破房子不值钱，希望张三帮个忙。因为王五之前也帮过自己，因此张三爽快地答应了，虽然自己和哥哥张二没有分家，但两间房子总有一间是自己的，张三于是决定拿出其中一间做抵押。

请问，张三能分家前的房屋提供抵押是否有效？

相关法条：

《物权法》第 184 条：下列财产不得抵押：

（一）土地所有权；

（二）耕地、宅基地、自留地、自留山等集体所有的土地使用权，但法律规定可以抵押的除外；

（三）学校、幼儿园、医院等以公益为目的的事业单位、社会团体的教育设施、医疗卫生设施和其他社会公益设施；

（四）所有权、使用权不明或者有争议的财产；

（五）依法被查封、扣押、监管的财产；

（六）法律、行政法规规定不得抵押的其他财产。

《担保法》37条：下列财产不得抵押：

（一）土地所有权；

（二）耕地、宅基地、自留地、自留山等集体所有的土地使用权，但本法第三十四条第（五）项、第三十六条第三款规定的除外；

（三）学校、幼儿园、医院等以公益为目的的事业单位、社会团体的教育设施、医疗卫生设施和其他社会公益设施；

（四）所有权、使用权不明或者有争议的财产；

（五）依法被查封、扣押、监管的财产；

（六）依法不得抵押的其他财产。

《担保法》34条第5项：抵押人依法承包并经发包方同意抵押的荒山、荒沟、荒丘、荒滩等荒地的土地使用权；

《担保法》第36条第3款：乡（镇）、村企业的土地使用权不得单独抵押。以乡（镇）、村企业的厂房等建筑物抵押的，其占用范围内的土地使用权同时抵押。

《担保法司法解释》第48条：以法定程序确认为违法、违章的建筑物抵押的，抵押无效。

《担保法司法解释》第49条：以尚未办理权属证书的财产抵押的，在第一审法庭辩论终结前能够提供权利证书或者补办登记手续的，可以认定抵押有效。

当事人未办理抵押物登记手续的，不得对抗第三人。

《担保法司法解释》第 53 条：学校、幼儿园、医院等以公益为目的的事业单位、社会团体，以其教育设施、医疗卫生设施和其他社会公益设施以外的财产为自身债务设定抵押的，人民法院可以认定抵押有效。

《担保法司法解释》第 54 条：按份共有人以其共有财产中享有的份额设定抵押的，抵押有效。

共同共有人以其共有财产设定抵押，未经其他共有人的同意，抵押无效。但是，其他共有人知道或者应当知道而未提出异议的视为同意，抵押有效。

专家解析：

案例 1：设定抵押权的前提是抵押人必须对抵押物享有处分权，本案例中的抵押物拖拉机属于曹某所有。郑某只是租赁了该拖拉机，只享有使用权，不享有处分权，因此郑某将拖拉机抵押给赵某的行为是无效的，曹某可以要求赵某返还拖拉机，如果有损失的话，还可以向郑某追究。

案例 2 和案例 3：这两个案例中的甲大学是以公益为目的的事业单位，根据《物权法》第 184 条和《担保法》第 37 条的规定，学校、幼儿园、医院等公益事业单位、社会团体的教育设施、医疗卫生设施和其他社会公益设施是不能抵押的。而根据《担保法司法解释》第 53 条的规定，上述单位、社会团体用公益设施以外的财产来担保自身债务，是有效的。也就是说，公益主体并不是绝对不能提供抵押担保，需满足两个条件：(1)抵押的财产必须是公益设施以外的财产；(2)担保的债权必须是自身的债权，这样主要是为了防止公益主体因担保别人的债权而承担损失，影响公益目的。因此案例二中甲大学以图书馆提供抵押是无效的，而案例三中甲大学以林木为自己的债务提供抵押是有效的，因为林木不是公益设施，而且担保的也是甲大学自身的债务。

案例 4：本案例中的房屋是分家前的房屋，张三和张二对房屋的所有权为共同共有，也就是没有划分具体份额的共有关系，对于其中一间房子而言,所有权属于谁是不明确的。根据《担保法司法解释》第54条的规定,张三拿其中一间提供抵押,如果没有经过张二的同意,抵押是无效的。但如果张二知道这件事情而没有提出异议,也视为同意,抵押有效。

5.什么是企业动产抵押

案例:

　　张老汉是张家村村民,从事红薯种植和加工生意。2003年5月8日,张老汉因资金周转需要向朋友周胖子借款3万元,周胖子起初有点犹豫,张老汉提出可以将自己整个红薯加工厂里的东西抵押给他,并去县工商局进行登记,周胖子一听把整个厂抵押给他,还可以到政府机关登记,于是放心地答应了。2003年5月10日,两人签订好《抵押合同》后来到县工商局登记,登记时张老汉的红薯加工厂内共有加工设备一套、红薯3000斤、加工好的红薯条500箱,借款期限从2003年5月10日到2004年5月9日。借款期限到期前,张老汉又采购进红薯2000斤,加工出红薯条300箱,卖给县农副产品中心600箱。2004年5月9日借款到期,张老汉没有资金偿还周胖子的欠款,周胖子提出要行使抵押权,此时,张老汉的红薯加工厂内只有加工设备一套、红薯2500斤、红薯条200箱。

　　请问,张老汉在将整个加工厂里的东西抵押后能否对抵押物进行买卖?

相关法条:

　　《物权法》第181条:经当事人书面协议,企业、个体工商户、农业生产经营者可以将现有的以及将有的生产设备、原材料、半成品、产品抵押,债务人不履行到期债务或者发生当事人约定的实现抵押权的情形,债权人有权就实现抵押权时的动产优先受偿。

《物权法》第 189 条:企业、个体工商户、农业生产经营者以本法第一百八十一条规定的动产抵押的,应当向抵押人住所地的工商行政管理部门办理登记。抵押权自抵押合同生效时设立;未经登记,不得对抗善意第三人。

依照本法第一百八十一条规定抵押的,不得对抗正常经营活动中已支付合理价款并取得抵押财产的买受人。

《物权法》第 196 条:依照本法第一百八十一条规定设定抵押的,抵押财产自下列情形之一发生时确定:

(一)债务履行期届满,债权未实现;

(二)抵押人被宣告破产或者被撤销;

(三)当事人约定的实现抵押权的情形;

(四)严重影响债权实现的其他情形。

专家解析:

企业动产抵押又叫动产浮动抵押,《物权法》对其作出了规定,设立动产浮动抵押需要满足以下几个条件:(1)抵押人是企业、个体工商户或农业生产经营者;(2)抵押物是现有的以及将来的生产设备、原材料、半成品、产品,这些都是和企业生产相关的动产,其他动产则不能包括进来。之所以叫浮动抵押,是因为它的抵押物是出于变动之中的,抵押人可以采购原料、销售成品,抵押的设立不影响抵押人的正常经营。因此本案例中,张老汉将红薯条卖给县农副产品中心的行为是合法有效的,是允许的。周胖子在行使抵押权的时候,只能就当时张老汉加工厂里有的东西受偿,也就是加工设备一套、红薯 2500 斤、红薯条 200 箱。

值得注意的是,《物权法》一般是对不动产要求强制登记,动产是当事人自愿登记,而对于浮动抵押,《物权法》是要求当事人"应当"办理登记,登记部门是抵押人住所地的工商行政管理部门。即使如此,浮动抵押的设立也是在合同生效后就设立了的,登记只是对抗要件。《物权法》第 196 条对何时行使浮动抵押权进行了规定。

国家工商行政管理总局于 2007 年 10 月 17 日颁布了《动产抵押登记办法》,对浮动抵押的具体办法做出规定。

6.同一抵押物多次抵押,各抵押权人按什么顺序清偿

案例:

甲某从事食品加工行业 28 年,之前一直在经营一家奶品公司,因内部监管不善,甲某的奶品公司生产的奶品被查出质量不合格,销量锐减,当年亏损严重。为了挽回局面,甲某决定加强公司的检测系统,但尚且缺少资金 100 万,甲某决定找自己比较要好的朋友帮忙。2001 年 3 月 5 日,甲某找到乙某,希望能借款 40 万,2002 年 3 月 5 日之前还清,以自己价值 120 万的宝马轿车作为抵押,乙某同意,双方签订了抵押合同并办理了抵押登记;2001 年 3 月 10 日,甲某找到丙某,希望能借款 30 万,2002 年 9 月 5 日之前还清,以自己价值 120 万的宝马轿车作为抵押,乙某同意,双方签订了抵押合同;2001 年 3 月 15 日,甲某找到丁某,希望能借款 30 万,2002 年 2 月 15 日之前还清,以自己价值 120 万的宝马轿车作为抵押,乙某同意,双方签订了抵押合同.

请问,甲某能否将自己的宝马车进行多次抵押?如果一年后甲某还不出钱,宝马车的价值跌到了 80 万,乙某、丙某、丁某应如何分配这 80 万?

相关法条：

《担保法》第35条：抵押人所担保的债权不得超出其抵押物的价值。

财产抵押后，该财产的价值大于所担保债权的余额部分，可以再次抵押，但不得超出其余额部分。

《担保法》第54条：同一财产向两个以上债权人抵押的，拍卖、变卖抵押物所得的价款按照以下规定清偿：

（一）抵押合同以登记生效的，按照抵押物登记的先后顺序清偿；顺序相同的，按照债权比例清偿；

（二）抵押合同自签订之日起生效的，该抵押物已登记的，按照本条第（一）项规定清偿；未登记的，按照合同生效时间的先后顺序清偿，顺序相同的，按照债权比例清偿。抵押物已登记的先于未登记的受偿。

《担保法司法解释》第76条：同一动产向两个以上债权人抵押的，当事人未办理抵押物登记，实现抵押权时，各抵押权人按照债权比例受偿。

《担保法司法解释》第78条：同一财产向两个以上债权人抵押的，顺序在后的抵押权所担保的债权先到期的，抵押权人只能就抵押物价值超出顺序在先的抵押担保债权的部分受偿。

顺序在先的抵押权所担保的债权先到期的，抵押权实现后的剩余价款应予提存，留待清偿顺序在后的抵押担保债权。

《物权法》第199条：同一财产向两个以上债权人抵押的，拍卖、变卖抵押财产所得的价款依照下列规定清偿：

（一）抵押权已登记的，按照登记的先后顺序清偿；顺序相同的，按照债权比例清偿；

（二）抵押权已登记的先于未登记的受偿；

（三）抵押权未登记的，按照债权比例清偿。

专家解析：

根据《担保法》第35条的规定，只要抵押担保的债权数额不要超过抵押物的价值,一物多抵是允许的,案例中甲某的宝马车价值120万,担保的债权一共是100万,是有效的,这也是物尽其用、合情合理的。

在分析这个案例的时候,我们应注意几个关键点:(1)只有乙某的抵押权是经过登记的;(2)丁某的债权在2001年2月15日到期,是最早到期的一个,其次是乙某,最后是丙某;(3)丙某的抵押合同签订时间早于丁某的抵押合同。带着这几个关键点,结合相关法条,我们来分析一下答案:(1)根据《物权法》第199条第2项,抵押权已登记的先于未登记的受偿,也就是说,乙某的抵押权因为是经过登记的,所以排在最前边,乙某可以先从80万中拿走40万,还剩40万。(2)根据《物权法》第199条第3项,抵押权未登记的,按照债权比例清偿。丙某和丁某的抵押权都没有经过登记,所以丙某和丁某应该按比例受偿,两人都借给了甲某30万,因此比例相同,对于宝马车剩余的40万,两人平均分,每人20万。在实际情况中,可能还需要考虑利息、其他费用等,但基本原理还是一样的。《担保法》第54条第2项对未登记的抵押权,按照合同生效先后的顺序清偿,这被《担保法司法解释》第76条做了小的修改,《物权法》也没有承认这种做法,因此,清偿顺序和抵押合同生效时间是没有关系的。

另外,在本案例中,丁某的债权最先到期,根据《担保法司法解释》第78条,丁某在形式抵押权的时候,必须先扣除应留给乙某的部分,也就是40万后,再行使自己的抵押权,拿走20万,剩余20万交给提存机关提存,留给丙某。

如果抵押权都是经过登记的,那么按登记的先后顺序清偿;如果登记顺序相同的,按比例受偿。所谓的登记顺序相同,就是指在同一天登记。

根据《担保法司法解释》第58条:当事人同一天在不同的法定登记部门办理抵押物登记的,视为顺序相同。因登记部门的原因致使抵押物进行连续登记的,抵押物第一次登记的日期,视为抵押登记的日期,并

依此确定抵押权的顺序。

另外,《担保法司法解释》第 77 条规定:同一财产向两个以上债权人抵押的,顺序在先的抵押权与该财产的所有权归属一人时,该财产的所有权人可以以其抵押权对抗顺序在后的抵押权。

7.抵押权的顺位放弃或变更有什么后果

案例:

甲某向乙某借款 30 万,向丙某借款 30 万,向丁某借款 40 万,向戊某借款 20 万,甲某以其价值 120 万的房屋作为抵押担保,都进行了抵押登记,乙某最早、丙某其次、再是丁某、最后是戊某。在这种情况下,如果甲某到期不还钱,清偿顺序是先乙某、丙某、丁某、最后是戊某,但在借款到期前,丁某和甲某协议将自己的抵押权顺位变到最前面,这个提议得到了乙某的书面认可,但丙某和戊某并不知情。

请问,丁某的抵押权顺位变更将产生怎样的影响?

相关法条:

《物权法》第 194 条:抵押权人可以放弃抵押权或者抵押权的顺位。抵押权人与抵押人可以协议变更抵押权顺位以及被担保的债权数额等内容,但抵押权的变更,未经其他抵押权人书面同意,不得对其他抵押权人产生不利影响。

债务人以自己的财产设定抵押,抵押权人放弃该抵押权、抵押权顺位或者变更抵押权的,其他担保人在抵押权人丧失优先受偿权益的范围内免除担保责任,但其他担保人承诺仍然提供担保的除外。

专家解析：

　　抵押权和抵押权顺位是一种民事权利，当事人对其享有处分权，但这种处分不能给其他人增加负担或造成不利影响。根据《物权法》第194条的规定，抵押权人可以放弃抵押权或者抵押权顺位，但须满足一定的条件：（1）抵押权顺位或被担保的债权数额的变更需要与抵押人协商确定；（2）抵押权变更需要经得其他抵押权人的书面同意，否则不能对他们造成不利影响。

　　在本案例中，丁某与甲某协议进行抵押权顺位的变更，这是可以的，但必须经得另外几个抵押权人的书面同意，否则不能对他们造成不利影响。假如甲某到期未能还钱，而房子的价值降到了70万，在丁某变更抵押权顺位前，乙某、丙某、丁某、戊某的清偿额分别是30万、30万、10万，那么在丁某变更抵押权顺位后的清偿顺序是怎样的呢？因为乙某书面认可了丁某的顺位变更，而丁某和戊某未认可，因此该清偿顺序不能对丁某和戊某造成不利影响，丁某至少要拿到30万才不会受到不利影响，戊某本来就排在最后，因此戊某是不会受到影响的。因此，丁某只能在乙某的30万限额内享有第一顺位的清偿权，剩余10万元要排在丙某后边，而在乙某前边，最后的清偿额应该是丁某40万，丙某30万，乙某0万，戊某0万。

8.房屋和土地使用权能否分开抵押

案例：

　　甲公司应资金周转需要，分别向A银行和B银行提出贷款申请，

A、B 两家银行要求提供抵押担保,甲公司提出自己有自建的厂房一套,厂区的土地使用权也是甲公司自己的,因此可以将厂房抵押给 A 银行,将土地使用权抵押给 B 银行。

请问,甲公司提出的方案可行吗?

相关法条:

《物权法》第 182 条:以建筑物抵押的,该建筑物占用范围内的建设用地使用权一并抵押。以建设用地使用权抵押的,该土地上的建筑物一并抵押。

抵押人未依照前款规定一并抵押的,未抵押的财产视为一并抵押

《物权法》第 183 条:乡镇、村企业的建设用地使用权不得单独抵押。以乡镇、村企业的厂房等建筑物抵押的,其占用范围内的建设用地使用权一并抵押。

《担保法》第 36 条:以依法取得的国有土地上的房屋抵押的,该房屋占用范围内的国有土地使用权同时抵押

以出让方式取得的国有土地使用权抵押的,应当将抵押时该国有土地上的房屋同时抵押。

乡(镇)、村企业的土地使用权不得单独抵押。以乡(镇)、村企业的厂房等建筑物抵押的,其占用范围内的土地使用权同时抵押。

专家解析:

根据《物权法》第 180 条的规定,厂房和建设用地使用权都是可以设定抵押权的,但因为建筑物附着于土地之上,两者是不可分离的,因此我国的法律采用的是"房地一体主义""房随地走""地随房走"。《物权法》《担保法》、《担保法司法解释》都要求两者不能分开抵押,因此本案例中甲公司的方案是行不通的,只能将厂房和土地使用权一并抵押。

9.尚未与土地分离的农作物能否用于抵押

案例：

王某是某县农民，最近，他打算进行禽养殖，但苦于没有资金，便向信用社申请借款，信用社要求提供担保。王某家中没有什么值钱的东西，但庄稼地里的农作物长势非常好，收获的时候一定能卖个好价钱，于是王某提出用地里的农作物抵押借款，可信用社的人说：法律规定集体所有的土地使用权不得抵押，长在田里的农作物与土地没有分离，当然也不能抵押。

请问，信用社的说法有道理吗，王某地里的农作物能否用于抵押呢？

相关法条：

《物权法》第180条第1款第1项：债务人或者第三人有权处分的下列财产可以抵押：

（一）建筑物和其他土地附着物；

《物权法》第184条第1款第2项：耕地、宅基地、自留地、自留山等集体所有的土地使用权，但法律规定可以抵押的除外；

《担保法司法解释》第52条：当事人以农作物和与其尚未分离的土地使用权同时抵押的，土地使用权部分的抵押无效。

专家解析：

林木、农作物为土地附着物，属于不动产，但是因为土地上生长的林木、农作物被采伐或收割后具有独立的交换价值。所以，尚未与土地分离的林木、农作物可以与土地使用权分离而单独设定抵押。但耕地、宅基地、自留地、自留山等集体所有的土地使用权是不能抵押的。集体所有的土地使用权为农业用地，禁止抵押是为了防止行使抵押权而导致改变土地用途，但不得因此而认为集体所有的土地上生长的农作物也不得抵押。《担保法司法解释》第52条只是规定以农作物抵押时将其占用范围内的土地使用权同时抵押的，土地使用权部分的抵押无效，并未否定农作物抵押的效力。因此，农民以其集体所有的土地上的林木、树上的果实、地里的农作物等作为动产抵押的，应当确认其设定抵押的效力。

因此，信用社的说法是不对的，王其可以用其地里的农作物作为抵押担保。

10.以建设用地使用权抵押，抵押后新建的建筑物 是否属于抵押财产

案例：

甲房地产开发公司向银行贷款800元，银行要求提供抵押担保。甲房地产开发公司把正在开发建设的一块土地的使用权抵押给银行，并办理了抵押登记，此时该土地上已有2幢楼房。办理抵押登记后，甲房地产开发公司继续在该土地上建设楼房。因到期未能还款，银行要求行使抵押权，此时抵押的土地上除了原先的2幢楼房，又多了1幢。银行要求将土地使用权和3幢楼房一并拍卖，但甲房地产开发公司认为第3幢楼房是后来建成的，并不在抵押的范围之内，因此不同意拍卖第3幢楼房。

请问，第3幢楼房是否属于抵押财产，对第3幢楼房应如何处理？

相关法条：

《物权法》第 182 条：以建筑物抵押的,该建筑物占用范围内的建设用地使用权一并抵押。以建设用地使用权抵押的,该土地上的建筑物一并抵押。

抵押人未依照前款规定一并抵押的,未抵押的财产视为一并抵押

《物权法》第 200 条：建设用地使用权抵押后,该土地上新增的建筑物不属于抵押财产。该建设用地使用权实现抵押权时,应当将该土地上新增的建筑物与建设用地使用权一并处分,但新增建筑物所得的价款,抵押权人无权优先受偿。

《城市房地产管理法》第 51 条：房地产抵押合同签订后,土地上新增的房屋不属于抵押财产。需要拍卖该抵押的房地产时,可以依法将土地上新增的房屋与抵押财产一同拍卖,但对拍卖新增房屋所得,抵押权人无权优先受偿。

专家解析：

根据《物权法》第 182 条的规定,甲房地产开发公司以建设用地使用权提供抵押担保,那么其上的建筑物也是一并抵押的,因此,本案例中原先就存在的 2 幢楼房是属于抵押财产无疑。但对于后来建成的第 3 幢楼房,根据《物权法》第 200 条的规定,抵押后新增的建筑物不属于抵押财产。

那么,银行应该如何行使自己的抵押权呢?《物权法》第 200 条对此也做出了规定,就是一并处分,但无权优先受偿。新增加的建筑物虽然不属于抵押财产的范围,但是债权人在实现抵押权时,如果不将新增加建筑物与土地使用权一并折价、拍卖或变卖,将来就会影响到新增建筑物的价值,因为这部分建筑物已没有了土地使用权;如果新增加的建筑物拆掉后再行使抵押权就会造成资源的浪费。因此法律才做出了一并处分,但无权优先受偿的规定,也就是说银行可以将土地使用

权和 3 幢楼房一并拍卖，但只能就土地使用权和原先 2 幢楼房的拍卖款优先受偿。

 ## 11.抵押合同如何约定

案例：

　　张三向信用社借款 20 万元，借款期间从 1998 年 5 月 8 日到 1999 年 5 月 7 日，信用社要求张三提供担保，张三以其自有的房屋作为抵押，双方签订了抵押合同并依法办理了抵押登记。其中抵押合同中约定：(1)本抵押所担保的债权种类为借款，主债权数额 20 万元；(2)债务人履行债务的期限为 1998 年 5 月 8 日到 1999 年 5 月 7 日；(3)抵押财产为坐落于张家村红星路 53 号的住房一套，共 3 层，评估价为 30 万元，土地证号为 123456，房产证号为 654321，房屋所有人为张三；(4)本抵押担保的范围为主债权本金及其利息、逾期罚息、实现抵押权的费用；(5)如果债务人不能按期履行还款义务，则债权人有权要求拍卖、变卖抵押物，并就抵押物变现所得的价款优先受偿。

相关法条：

　　《物权法》第 185 条：设立抵押权，当事人应当采取书面形式订立抵押合同。

　　抵押合同一般包括下列条款：

　　(一)被担保债权的种类和数额；

　　(二)债务人履行债务的期限；

　　(三)抵押财产的名称、数量、质量、状况、所在地、所有权归属或者使用权归属；

（四）担保的范围。

家解析：

《物权法》第 185 条对抵押合同的形式和内容做了规定,这和《担保法》是一致的,对于抵押合同的形式,要求书面形式;对于抵押合同的内容,法律明确规定了四项内容,当事人可以在这四项内容之外再约定其他内容。本案例中张三和信用社所签订的抵押合同是比较完整的,形式内容都合法。

12.流押条款是否有效

案例：

张三向信用社借款 20 万元, 借款期间从 1998 年 5 月 8 日到 1999 年 5 月 7 日,信用社要求张三提供担保,张三以其价值 30 万元的房屋作为抵押, 双方签订了抵押合同并依法办理了抵押登记。在抵押合同中,除了约定《物权法》第 185 条规定的一般内容,双方还约定了一条：如果张三到期不能还清欠款,则抵押物归信用社所有。

请问, 这一条款有效吗? 如果张三在借款到期时真的不能还清欠款,他抵押的房子是不是就归信用社所有了?

相关法条：

《物权法》第 186 条:抵押权人在债务履行期届满前,不得与抵押人约定债务人不履行到期债务时抵押财产归债权人所有。

《担保法》第 40 条:订立抵押合同时,抵押权人和抵押人在合同中不得约定在债务履行期届满抵押权人未受清偿时，抵押物的所有权转移为债权人所有。

《担保法司法解释》第 57 条：当事人在抵押合同中约定，债务履行期届满抵押权人未受清偿时，抵押物的所有权转移为债权人所有的内容无效。该内容的无效不影响抵押合同其他部分内容的效力。

债务履行期届满后抵押权人未受清偿时，抵押权人和抵押人可以协议以抵押物折价取得抵押物。但是，损害顺序在后的担保物权人和其他债权人利益的，人民法院可以适用合同法第七十四条、第七十五条的有关规定。

专家解析：

所谓流押条款，就是指在订立抵押合同时，抵押人和抵押权人约定，如果债务履行期届满而抵押权人的债权没有得到清偿，那么抵押物就直接归抵押权人所有的条款。在本案例中，张三和信用社约定的条款就属于这样的条款，而根据《物权法》第 186 条和《担保法》第 40 条的规定，这样的条款是禁止的。因为在订立抵押合同时，抵押人往往是处于劣势的，为了能满足抵押权人的要求，抵押人一般都会提供高于实际债权额的抵押物来做担保。比如本案例中的张三拿价值 30 万的房子担保 20 万的债权，一旦约定张三还不出钱，房子就归信用社所有，那会让张三损失而信用社额外受益，不符合公平原则，因此法律对此做了禁止规定。

在此，要注意流押和折价的区别，折价是实现抵押权的方式之一，是指在债务履行期届满而债务人未能清偿债务的情况下，抵押权人可以和抵押人协商，将抵押物折价转让给抵押权人。比如张三在 1999 年 5 月 7 日到期后没能力还 20 万的欠款和利息，那么张三就可以和信用社协议将房子折价 30 万转让给信用社，对于多出来的部分，信用社应补给张三。此时的张三是有底气的，因为实现抵押权的方式有 3 种，折价、变卖、拍卖,如果信用社不同意折价30万,那就只能通过拍卖、变卖的方式来处理房子,而拍卖、变卖参照的是市场价,应该还是会在30万左右。通过比较我们也可以发现,流押和折价最大的区别就是转让抵押物的约定是发生在债务履行期届满前还是届满后,如果在债务到期前就约定抵押物转移的,就是流押,如果在债务到期未清偿的时候约定转移抵押物的,就是折价协议。

13.抵押登记对抵押权有什么影响

案例1:

张三向李四借款20万元,张三以其房屋作为抵押担保,双方签订书面的《抵押合同》,但没有办理抵押登记。一个月后,张三把房子卖给了王五。借款到期后,张三无力清偿李四的欠款,李四提出要求行使抵押权,把抵押的房子变卖掉,此时王五提出现在房子已经是自己的了,李四不能行使抵押权。李四提出,王五知道房子已经抵押给自己了,购买行为应该无效。

案例2:

张三向李四借款20万元,张三以其宝马车作为抵押担保,双方签订书面的《抵押合同》,但没有办理抵押登记。一个月后,张三把宝马车卖给了王五。借款到期后,张三无力清偿李四的欠款,李四提出要求行使抵押权,把抵押的宝马车变卖掉,此时王五提出现在宝马车已经是自己的了,李四不能行使抵押权。李四提出,王五知道宝马车已经抵押给自己了,购买行为应该无效。

案例 1 和案例 2 中，张三和王五的买卖行为似乎都侵害到了李四的利益，请问这两个案例中的抵押权能否对抗张三和王五之间的买卖行为？

相关法条：

《物权法》第 180 条：债务人或者第三人有权处分的下列财产可以抵押：

（一）建筑物和其他土地附着物；

（二）建设用地使用权；

（三）以招标、拍卖、公开协商等方式取得的荒地等土地承包经营权；

（四）生产设备、原材料、半成品、产品；

（五）正在建造的建筑物、船舶、航空器；

（六）交通运输工具；

（七）法律、行政法规未禁止抵押的其他财产。

抵押人可以将前款所列财产一并抵押。

《物权法》第 187 条：以本法第 180 条第 1 款第 1 项至第 3 项规定的财产或者第 5 项规定的正在建造的建筑物抵押的，应当办理抵押登记。抵押权自登记时设立。

《物权法》第 188 条：以本法第 180 条第 1 款第 4 项、第 6 项规定的财产或者第 5 项规定的正在建造的船舶、航空器抵押的，抵押权自抵押合同生效时设立；未经登记，不得对抗善意第三人。

专家解析：

根据《物权法》第 187 条的规定，不动产抵押，抵押权自登记时设立。在案例 1 中，张三以自己的房屋提供抵押，房屋属于不动产，应当办理抵押登记，但两人并没有去办理，因此抵押权不存在，不会对王五的买房行为有所限制。

根据《物权法》第 188 条的规定，动产抵押的抵押权在抵押合同生效时设立,没有登记不影响抵押权的存在,但不得对抗善意第三人。民法中的善意第三人就是指不知情的第三人,在案例2中,张三提供的抵押物是宝马车,属于动产抵押,没有办理抵押登记,但在双方签订了《抵押合同》后抵押权就设立了,而且王五明知道宝马车已经抵押给了李四,不属于善意第三人,因此案例2中王五和张三的买卖行为无效,王五应返还宝马车,李四可以就宝马车行使抵押权。

从以上两个案例可以看出,登记对抵押权的影响视抵押物的不同而有所区别:(1)如果抵押物是不动产,登记是抵押权设立的条件;(2)如果抵押物是不动产,那么登记仅仅只是对抗要件,即办理登记可以对抗善意第三人。《担保法》混淆了抵押合同的生效和抵押权的设立,《物权法》对此进行了纠正,应以《物权法》的规定为准,抵押合同的生效与是否办理登记无关。

14.如何办理抵押登记

案例:

甲乙两家公司都是杭州的公司,甲公司向乙公司采购设备一台,价值800万,甲公司因无力一次性付清全款,协商之下,乙公司同意甲公司分期付款,为了保证能安全收到货款,乙公司要求甲公司以其办公楼作为抵押担保,甲公司同意了,双方签订《抵押合同》后打算去办理抵押登记手续。

请问,甲乙公司应如何办理抵押登记手续?

相关法条:

《担保法》第42条:办理抵押物登记的部门如下:

（一）以无地上定着物的土地使用权抵押的,为核发土地使用权证书的土地管理部门;

（二）以城市房地产或者乡(镇)、村企业的厂房等建筑物抵押的,为县级以上地方人民政府规定的部门;

（三）以林木抵押的,为县级以上林木主管部门;

（四）以航空器、船舶、车辆抵押的,为运输工具的登记部门;

（五）以企业的设备和其他动产抵押的,为财产所在地的工商行政管理部门。

《担保法》第 43 条:当事人以其他财产抵押的,可以自愿办理抵押物登记,抵押合同自签订之日起生效。

当事人未办理抵押物登记的,不得对抗第三人。当事人办理抵押物登记的,登记部门为抵押人所在地的公证部门。

《担保法》第 44 条:办理抵押物登记,应当向登记部门提供下列文件或者其复印件:

（一）主合同和抵押合同;

（二）抵押物的所有权或者使用权证书。

《担保法司法解释》第 60 条:以担保法第 42 条第 2 项规定的不动产抵押的,县级以上地方人民政府对登记部门未作规定,当事人在土地管理部门或者房产管理部门办理了抵押物登记手续,人民法院可以确认其登记的效力。

专家解析:

《担保法》第 42 条对一些抵押物的抵押登记机关做了规定,如果抵押物不属于该条规定中的类型,则可以根据《担保法》第 43 条的规定,向抵押人所在地的公证部门申请办理抵押登记。办理抵押登记需要准备一些材料,《担保法》第 44 条只规定了三样文件,主合同、抵押合同、所有权或使用权证书,这显然是不足以满足现实要求的。在实际办理过程中，还是要以登记机关的要求为准，比如本案例中的办公楼抵押登记，登记机关为杭州市住房保障和房产管理局，根据该机关的要求，办理房产抵押登记需要提供以下资料：

1.抵押设立登记申请表；

2.抵押人为个人的，提供身份证明复印件(核对原件)，2004年3月1日之前填发的，房屋性质为房改购房的《房屋所有权证》，需提供婚姻证明复印件(核对原件)。抵押人为单位的，企业提供营业执照复印件(核对原件)，其他单位提供组织机构代码证等复印件(核对原件)；抵押权人为个人的，提交本人身份证明复印件(核对原件)，抵押权人为单位的，企业提供营业执照复印件(核对原件)，其他单位提供组织机构代码证等复印件(核对原件)；

3.房屋所有权证原件；

4.国有土地使用证复印件(核对原件)，单位房产抵押的，还需提交土地权属查档证明；

5.抵押合同及主债权合同原件；

6.抵押人为国有单位的，须提交上级主管部门同意抵押的批文原件或复印件(核对原件)；抵押人为有限责任公司、股份有限公司、外资企业的，须提交股东(大)会或董事会决议(须董事签名)加盖公章；抵押人为集体企业的，须提交职工(代表)大会决议加盖公章；

7.登记机构认为有必要收取的其他资料。

若委托办理还需提供：

1.委托书原件及受托人身份证明复印件(核对原件)，自然人所有的房屋设立抵押权申请房屋登记，抵押人委托他人申请登记的，委托书应当公证；

2.委托有中介资质的房地产中介公司办理，需提供书面委托书原件及经办人的房地产经纪人资格证、身份证明复印件(核对原件)。

可以看出，登记部门的要求远远超出了《担保法》规定的内容，但也是登记的需要,因此建议在办理抵押登记的时候,最好先向登记部门了解清楚需要提供哪些材料,以免来回奔波、耽误时间。

当抵押物登记的内容和抵押合同约定的内容不一致时,应根据《担保法司法解释》第61条的规定"抵押物登记记载的内容与抵押合同约定的内容不一致的,以登记记载的内容为准"执行。

15.如何行使抵押权

案例:

张三向李四借款10万元,张二以其当时价值12万元的房屋作为抵押担保,张二与李四签订了《抵押合同》并同时办理了抵押登记。借款到期后,张三无法偿还本金和利息,于是张二、张三、李四进行协商,他们首先对抵押的房屋进行了评估,因房子遭遇了一场台风,损失严重而未经修复,因此评估出来的市场价是8万元。

请问,对于张二提供的抵押房产,李四行使抵押权的方式有哪些?

相关法条:

《物权法》第195条:债务人不履行到期债务或者发生当事人约定的实现抵押权的情形,抵押权人可以与抵押人协议以抵押财产折价或者以拍卖、变卖该抵押财产所得的价款优先受偿。协议损害其他债权人利益的,其他债权人可以在知道或者应当知道撤销事由之日起一年内请求人民法院撤销该协议。

抵押权人与抵押人未就抵押权实现方式达成协议的,抵押权人可以请求人民法院拍卖、变卖抵押财产。

抵押财产折价或者变卖的,应当参照市场价格。

《物权法》第198条:抵押财产折价或者拍卖、变卖后,其价款超过债权数额的部分归抵押人所有,不足部分由债务人清偿。

《担保法》第53条:债务履行期届满抵押权人未受清偿的,可以与抵押人协议以抵押物折价或者以拍卖、变卖该抵押物所得的价款受偿;协议不成的,抵押权人可以向人民法院提起诉讼。

抵押物折价或者拍卖、变卖后,其价款超过债权数额的部分归抵押人所有,不足部分由债务人清偿。

《担保法司法解释》第51条:抵押人所担保的债权超出其抵押物价值的,超出的部分不具有优先受偿的效力。

《担保法司法解释》第73条:抵押物折价或者拍卖、变卖该抵押物的价款低于抵押权设定时约定价值的,应当按照抵押物实现的价值进行清偿。不足清偿的剩余部分,由债务人清偿。

《担保法司法解释》第74条:抵押物折价或者拍卖、变卖所得的价款,当事人没有约定的,按下列顺序清偿:

(一)实现抵押权的费用;

(二)主债权的利息;

(三)主债权。

专家解析:

根据《物权法》和《担保法》的规定,李四行使抵押权的方式有三种:(1)与张二协商,将房子折价卖给自己,参照当时的市场价8万元,李四还有2万元的债权没有得到清偿,这部分债务只能向张三主张。如果张二的房子当时市价是15万,那么李四在得到张二的房子的同时,应支付张二5万元。(2)协议以拍卖、变卖的方式处理掉张二的房子,张二得到卖房子的钱后优先支付给李四。(3)如果协商不成的话,李四可以向法院起诉,请求法院来拍卖、变卖房子,并就拍卖、变卖所得的房款优先受偿。

《担保法司法解释》第74条对实现抵押权后的清偿顺序也做了规

定,先是实现抵押权的费用,再是主债权的利息,最后才是主债权。

16.抵押物被法院查封后,抵押物的孳息由谁收取

案例:

甲某有商铺一套,租给乙某开商店,每年租金12万,按月收取。2009年8月,甲某向丙某借款50万,以该套商铺作为抵押。2010年8月,甲某到期未清偿欠款,丙某向法院起诉并请求采取财产保全,扣押该套商铺。

请问,商铺被扣押期间,租金由谁收取?

相关法条:

《物权法》第197条:债务人不履行到期债务或者发生当事人约定的实现抵押权的情形,致使抵押财产被人民法院依法扣押的,自扣押之日起抵押权人有权收取该抵押财产的天然孳息或者法定孳息,但抵押权人未通知应当清偿法定孳息的义务人的除外。

前款规定的孳息应当先充抵收取孳息的费用。

《担保法》第47条:债务履行期届满,债务人不履行债务致使抵押物被人民法院依法扣押的,自扣押之日起抵押权人有权收取由抵押物分离的天然孳息以及抵押人就抵押物可以收取的法定孳息。抵押权人未将扣押抵押物的事实通知应当清偿法定孳息的义务人的,抵押权的效力不及于该孳息。

前款孳息应当先充抵收取孳息的费用。

《担保法司法解释》第64条:债务履行期届满,债务人不履行债务致使抵押物被人民法院依法扣押的,自扣押之日起抵押权人收取的由

抵押物分离的天然孳息和法定孳息,按照下列顺序清偿:

(一)收取孳息的费用;

(二)主债权的利息;

(三)主债权。

家解析:

孳息是指由原物所产生的额外收益,孳息分为天然孳息和法定孳息,天然孳息指依物的本性天然生长出来的,如果树的果实、母牛产的小牛;法定孳息,指物因某种法律关系所产生的收益,如房子的租金、存款的利息等。抵押关系中,抵押物不转移占有,抵押人对抵押物享有占有、使用、受益的权利,因此抵押物的孳息由抵押人收取。但在抵押权人行使抵押权的时候,因为抵押权的效力及于抵押物和抵押物的从物,孳息也理应包含在内,因此《物权法》和《担保法》都规定了当抵押财产被人民法院扣押后,抵押物的孳息由抵押权人收取。

在本案例中,商铺的租金就是孳息,丙某开始行使抵押权后,租金应该由丙某收取,但丙某应通知承租人乙某,否则丙某可以继续向甲某交纳租金。

《担保法司法解释》第 64 条对收取孳息后的清偿顺序做了规定,这和《担保法司法解释》第 74 条的规定是类似的。

17.行使抵押权的时间要求

案例:

2008 年 1 月,李小民向张大财借款 3 万元,借款期间从 2008 年 1 月到 2009 年 1 月,并以自己的老房子一间提供抵押担保,双方签订了

《借款合同》和《抵押合同》并办理了抵押登记。借款到期后，张大财也没向李小民追讨，2011年3月，张大财找到李小民要求其还款，如果不还款就要对他的房子行使抵押权。李小民则提出这3万元债权和抵押权已经过了诉讼时效，自己可以不承担责任。

请问，抵押权设立后，要行使抵押权有没有时间上的限制？

相关法条：

《担保法司法解释》第12条：当事人约定的或者登记部门要求登记的担保期间，对担保物权的存续不具有法律约束力。

担保物权所担保的债权的诉讼时效结束后，担保权人在诉讼时效结束后的二年内行使担保物权的，人民法院应当予以支持。

《物权法》第202条：抵押权人应当在主债权诉讼时效期间行使抵押权；未行使的，人民法院不予保护。

专家解析：

根据《担保司法解释》第12条的规定，抵押权是没有担保期间的，只要抵押不撤销，抵押权就存在。但抵押权的行使有一个期限，《物权法》第202条和《担保法司法解释》第12条的规定存在不同，应当按照《物权法》的规定执行，抵押权人应当在主债权诉讼期间内行使抵押权，如果在这个期间内不行使，人民法院就不保护了。这个和诉讼时效制度类似，虽然不受法律保护了。因为抵押权时主债权的附属，如果抵押权人没有在主债权诉讼期间内起诉，那么主债权就不受法律保护了，作为附属的抵押权自然也就不保护了。

因此，本案例中，张大财对李小民的债权已经超过了2年的诉讼时效期间，李小民有权以超过诉讼时效为由进行抗辩，既不还款也不承担抵押担保责任。

《民法通则》关于诉讼时效的规定：

《民法通则》第135条：向人民法院请求保护民事权利的诉讼时效

期间为二年,法律另有规定的除外。

《民法通则》第 136 条:下列的诉讼时效期间为一年:

(一)身体受到伤害要求赔偿的;

(二)出售质量不合格的商品未声明的;

(三)延付或者拒付租金的;

(四)寄存财物被丢失或者损毁的。

《民法通则》第 137 条:诉讼时效期间从知道或者应当知道权利被侵害时起计算。但是,从权利被侵害之日起超过 20 年的,人民法院不予保护。有特殊情况的,人民法院可以延长诉讼时效期间。

《民法通则》第 138 条:超过诉讼时效期间,当事人自愿履行的,不受诉讼时效限制。

《民法通则》第 139 条:在诉讼时效期间的最后 6 个月内,因不可抗力或者其他障碍不能行使请求权的,诉讼时效中止。从中止时效的原因消除之日起,诉讼时效期间继续计算。

《民法通则》第 140 条:诉讼时效因提起诉讼、当事人一方提出要求或者同意履行义务而中断。从中断时起,诉讼时效期间重新计算。

18.以土地使用权抵押,实现抵押权时应注意哪些问题

案例:

某国有工厂建立于 50 年代,自 90 年代以来,市场竞争日趋激烈,该国有工厂因技术更新换代跟不上市场的需求,企业濒临破产。1995年,该国有工厂向银行贷款 180 万元,银行提出以工厂厂区的土地使用权作为担保,双方签订了《抵押合同》,并依法进行了登记。后来,该国有

工厂因资不抵债,向法院申请破产。银行在得知该国有工厂破产的消息后,向法院申请行使抵押权。法院经审理认为,该国有工厂建于50年代,厂房所在的土地是通过划拨方式取得的,银行可以拍卖其土地使用权,但必须先缴纳相当于土地使用权出让金的款额后,对于剩余部分,银行才能享有优先受偿权。

相关法条:

《担保法》第55条第2款:依照本法规定以承包的荒地的土地使用权抵押的,或者以乡(镇)、村企业的厂房等建筑物占用范围内的土地使用权抵押的,在实现抵押权后,未经法定程序不得改变土地集体所有和土地用途。

《担保法》第56条:拍卖划拨的国有土地使用权所得的价款,在依法缴纳相当于应缴纳的土地使用权出让金的款额后,抵押权人有优先受偿权。

《物权法》第201条:依照本法第180条第1款第3项规定的土地承包经营权抵押的,或者依照本法第183条规定以乡镇、村企业的厂房等建筑物占用范围内的建设用地使用权一并抵押的,实现抵押权后,未经法定程序,不得改变土地所有权的性质和土地用途。

专家解析:

以土地使用权设定抵押担保的,主要要注意2个问题:

(1)划拨土地的出让金问题。根据我国现行的法律法规的规定,机关、企事业单位获得土地使用权的途径有两条:一是通过出让的方式获得;二是通过划拨的方式获得。以出让的方式获得土地使用权需要缴纳土地出让金;而划拨方式是指县级以上人民政府依法批准,在土地使用者缴纳补偿、安置等费用后将该幅土地交付其使用,或者将土地使用权无偿交付给土地使用者使用的行为。因为划拨方式并没有缴纳土地出让金,因此在实现抵押权时,为了防止国有资产流失,法律规定必须先缴纳土地出让金。

（2）土地所有权的性质和用途不得改变。承包的荒地的土地使用权、乡（镇）、村企业的厂房等建筑物占用范围内的土地使用权用于抵押的,在实现抵押权时,未经法定程序,这些土地必须保持原来的集体所有的性质和原来的用途。

19.有多个抵押时,抵押权人放弃其中一个,对其他抵押有什么影响

案例：

2008 年 7 月,张三大学毕业后打算自己创业,需要启动资金 100 万,还差 50 万。张三找到李四,向其借款 50 万,李四要求提供担保,张三提出可以在自己的房子上办抵押,李四看了张三的房子后,觉得不值 50 万。于是张三找到自己的哥哥张二,让张二把自己的房子也抵押给李四,张二为了支持弟弟的创业就同意了。于是三人分别签了《借款合同》和《抵押合同》,并为两间房子办理了抵押登记,张三的房子担保 20 万,张二的房子担保 30 万。

2009 年 5 月,张三的企业经营状况不错,为了加快周转,张三向王五借款 20 万元,王五也要求张三提供担保。张三找到李四,希望能把自己房子的抵押撤掉,李四看张三企业的经营状况不错,而且张三已经陆续还了 20 万元,另外还有张二的房子抵押,因此就同意了。2009 年 6 月,李四撤销抵押权后,张三将自己的房屋抵押给了王五。

请问,李四放弃张三提供的抵押后,张二是否还要承担 30 万的担保义务?

相关法条：

《担保法司法解释》第 75 条:同一债权有两个以上抵押人的,债权

人放弃债务人提供的抵押担保的，其化抵押人可以请求人民法院减轻或者免除其应当承担的担保责任。

同一债权有两个以上抵押人的，当事人对其提供的抵押财产所担保的债权份额或者顺序没有约定或者约定不明的，抵押权人可以就其中任一或者各个财产行使抵押权。

抵押人承担担保责任后，可以向债务人追偿，也可以要求其他抵押人清偿其应当承担的份额。

《物权法》第194条第2款：债务人以自己的财产设定抵押，抵押权人放弃该抵押权、抵押权顺位或者变更抵押权的，其他担保人在抵押权人丧失优先受偿权益的范围内免除担保责任，但其他担保人承诺仍然提供担保的除外。

专家解析：

抵押权作为一项民事权利，是可以处分的，包括放弃。但在存在多个抵押物共同担保一个债权的情况下，如果抵押权人放弃其中一个抵押权，尤其是放弃债务人提供的抵押时，对其他抵押人就会产生不利的影响。因此《物权法》和《担保法司法解释》都规定了如果债权人放弃债务人提供的抵押担保的，其他抵押人在债权人放弃的范围内免除担保责任。

在本案例中，张三已经还款20万，剩余债务30万，在李四放弃张三提供的抵押担保前，该30万债务由张三和张二的房子承担担保义务，如果张三到期未清偿债务，按《担保法司法解释》第75条第2款的规定，李四既可以要求处理张三的房子，也可以要求处理张二的房子。现在李四放弃了张三的抵押担保，那么相应地，张二在李四放弃的范围内也免除担保责任。也就是说李四放弃了张三房子20万的担保，那么张二的担保责任也从30万降到了10万，李四在拍卖、变卖张二的房子后最多只能拿到10万，而张三的房子又已经抵押给王五了，因此在这种情况下,对李四是非常不利的。

 ## 20.抵押期间,抵押物能否转让

案例:

　　张三向李四借款 20 万元,王五以其价值 30 万的轿车作为抵押,三方签订了《借款合同》和《抵押合同》,并办理了抵押登记。3 个月后,王五家里发生火灾,遭受重大财产损失,为了修建房屋,王五决定把自己的车子卖掉。于是王五找到李四,跟他说明了实际情况,王五也表示同意,但提出张三现在的经济状况也不好,可能还不起钱,要求王五将卖车所得放到有关机关提存。王五将轿车以 25 万的价格卖给了赵六,但因急于用款,不同意提存 20 万款项。

　　请问,赵六的要求是否合理正当?

相关法条:

　　《物权法》第 191 条:抵押期间,抵押人经抵押权人同意转让抵押财产的,应当将转让所得的价款向抵押权人提前清偿债务或者提存。转让的价款超过债权数额的部分归抵押人所有,不足部分由债务人清偿。

　　抵押期间,抵押人未经抵押权人同意,不得转让抵押财产,但受让人代为清偿债务消灭抵押权的除外。

　　《担保法》第 49 条:抵押期间,抵押人转让已办理登记的抵押物的,应当通知抵押权人并告知受让人转让物已经抵押的情况;抵押人未通知抵押权人或者未告知受让人的,转让行为无效。

　　转让抵押物的价款明显低于其价值的,抵押权人可以要求抵押人提供相应的担保;抵押人不提供的,不得转让抵押物。

抵押人转让抵押物所得的价款,应当向抵押权人提前清偿所担保的债权或者向与抵押权人约定的第三人提存。超过债权数额的部分,归抵押人所有,不足部分由债务人清偿。

《担保法司法解释》第 67 条:抵押权存续期间,抵押人转让抵押物未通知抵押权人或者未告知受让人的,如果抵押物已经登记的,抵押权人仍可以行使抵押权;取得抵押物所有权的受让人,可以代替债务人清偿其全部债务,使抵押权消灭。受让人清偿债务后可以向抵押人追偿。

如果抵押物未经登记的,抵押权不得对抗受让人,因此给抵押权人造成损失的,由抵押人承担赔偿责任。

《担保法司法解释》第 71 条:主债权未受全部清偿的,抵押权人可以就抵押物的全部行使其抵押权。

抵押物被分割或者部分转让的,抵押权人可以就分割或者转让后的抵押物行使抵押权。

专家解析:

抵押物抵押后仍然由抵押人占有、使用,所有权依然归抵押人,但因为负担了抵押权,因此抵押物的转让会受到限制。《担保法》和《担保法司法解释》区分了办理登记的抵押物和未经登记的抵押,而《物权法》并没有进行区分,而且更侧重于保护抵押权人的利益。

根据《物权法》的规定,抵押物要想转让,需要经过抵押权人的同意,但转让的价款应该用于提前清偿债务或者提存。抵押权人不同意的,如果受让人愿意代替清偿债务的,也可以转让。

在本案例中,王五转让轿车的行为是经过抵押权人李四同意的,因此是合法有效的。但就卖车所得的 25 万元,王五应该拿出 20 万用于提前清偿张三的债务或者放到提存机关提存,剩余的 5 万元可以自由支配。

21.抵押期间,主债权或主债务转让对抵押权有何影响

案例:

张三向李四借款 50 万元,借款期间一年,王五以其房屋提供抵押担保,三方签订了《借款合同》和《抵押合同》,并办理了抵押登记。半年后,张三将 20 万元借给赵六,同时约定这 20 万直接由赵六还给李四,李四也同意了,但王五并不知情。借款到期后,张三和赵六都没有还李四钱,李四要求对王五的房屋行使抵押权,王五提出自己只同意替张三担保,如果知道是赵六来还钱,自己一定不会同意担保的,因此只同意承担张三的 30 万债务。李四则认为,王五的房屋担保的是自己整个 50 万的债权,因此要求王五承担全部债务。

请问,李四和王五的说法,哪个符合法律的规定?

相关法条:

《物权法》第 175 条:第三人提供担保,未经其书面同意,债权人允许债务人转移全部或者部分债务的,担保人不再承担相应的担保责任。

《物权法》第 192 条:抵押权不得与债权分离而单独转让或者作为其他债权的担保。债权转让的,担保该债权的抵押权一并转让,但法律另有规定或者当事人另有约定的除外。

《担保法司法解释》第 72 条:主债权被分割或者部分转让的,各债权人可以就其享有的债权份额行使抵押权。

主债务被分割或者部分转让的,抵押人仍以其抵押物担保数个债务人履行债务。但是,第三人提供抵押的,债权人许可债务人转让债务

未经抵押人书面同意的,抵押人对未经其同意转让的债务,不再承担担保责任。

专家解析:

　　根据《合同法》等法律的规定,债权债务时可以转移的。债权人转让债权,应当通知债务人;债务人转让责务给其他人,应经得债权人同意。如果债权债务设定了抵押担保,根据《物权法》的规定:(1)债权转让的,抵押权一并转让,除非法律另有约定或当事人之间另有约定;(2)债务转让的,需要抵押人书面同意,否则抵担人不再承担担保责任。

　　本案例中,张三欠李四50万元,张三将其中的20万债务转让给了赵六,并且得到了债权人李四的同意,因此这个债务转让是有效的。但因为没有经过抵押人王五的书面同意,因此王五可以不承担抵押担保责任,而只对张三剩余的30万部分承担责任。如果债权人李四将自己对张三的50万元债权转让给别人,那么他应该连同王五的抵押权一并转让出去。

　　针对债权债务部分转让的,《担保法司法解释》第72条作出了详细规定,如果主债权部分转让或主债务部分转让并经抵押人书面同意的,那么抵押人就按比例承担担保责任。

　　(1)作为债权人,如果同意债务转让,那么一定要书面通知抵押人,征得抵押人的书面同意,否则将失去抵押担保这一道保障;

　　(2)作为抵押人,如果只想给某一特定的债权人提供抵押担保的,那么在签订抵押合同的时候,就应该明确约定"债权转让的,抵押权不转让";

　　(3)对于债权的受让人来讲,在受让一个债权之前,应该搞清楚这个债权是否有担保,如果有担保,自己在受让债权的时候,最好是能将债权的担保一并受让过来。

22.抵押权能否转让或作为别的担保

案例：

A向B借款30万元,C以其价值50万的轿车提供抵押,B与C签订了《抵押合同》并依法办理了抵押登记。一个月后,B向W借款10万元,W要求B提供抵押担保,B说自己没有多余财产可以抵押,但A欠自己30万,而且有C的轿车作为抵押担保,可以把轿车的抵押权转让给W。

请问,B将抵押权单独转让的行为是否有效?

相关法条：

《物权法》第192条:抵押权不得与债权分离而单独转让或者作为其他债权的担保。债权转让的,担保该债权的抵押权一并转让,但法律另有规定或者当事人另有约定的除外。

《担保法》第50条:抵押权不得与债权分离而单独转让或者作为其他债权的担保。

专家解析：

抵押权作为主债权的担保,具有从属性,一般情况下,抵押权和主债权是不能分开的,《物权法》和《担保法》都规定了"抵押权不得与债权分离而单独转让或者作为其他债权的担保",因此B的行为是无效的。如果转让的是主债权,那么抵押权也应该一并转让,但《物权法》对此作出了但书规定——"法律另有规定"或者"当事人另有约定",《物权法》第204条就规定了"最高额抵押担保的债权确定前,部分债权转让的,最高额抵押权不得转让,但当事人另有约定的除外。"

如果抵押权人对第三人负有债务,而想用抵押权设立担保的,需连同债权一并设立担保。比如本案例中,如果B想将自己对轿车的抵押权作为担保,则必须同时将其对A的债权一同作为担保,否则,单独将抵押权作为权利质权或者转让给你的行为均是无效的。

23.抵押期间,抵押物价值减少了怎么办

案例:

尚某为做生意,从金某那里借得人民币5万元,借款期限一年,其朋友李某以自己新购买的价值7万元的轿车替尚某提供担保,三方当事人订立了借款合同和抵押合同,并依法抵押登记手续。李某在保险公司办理了汽车责任保险及其他财产保险。一年后,李某正常驾车时,被后面的汽车追尾,造成汽车的后半部毁损,保险公司赔偿保险金3万元,李某一直未修车。金某得知此事后,要求李某要么修车要么将保险金提前偿还给自己,李某不同意,认为修车没必要,而借款又尚未到期,自己没有义务提前替尚某清偿债务。

李某的轿车应后半部损坏,实际上已经不值7万元了,请问此时的尚某应该怎么办?

相关法条:

《物权法》第193条:抵押人的行为足以使抵押财产价值减少的,抵押权人有权要求抵押人停止其行为。抵押财产价值减少的,抵押权人有权要求恢复抵押财产的价值,或者提供与减少的价值相应的担保。抵押

人不恢复抵押财产的价值也不提供担保的，抵押权人有权要求债务人提前清偿债务。

《担保法》第51条：抵押人的行为足以使抵押物价值减少的，抵押权人有权要求抵押人停止其行为。抵押物价值减少时，抵押权人有权要求抵押人恢复抵押物的价值，或者提供与减少的价值相当的担保。

抵押人对抵押物价值减少无过错的，抵押权人只能在抵押人因损害而得到的赔偿范围内要求提供担保。抵押物价值未减少的部分，仍作为债权的担保。

《担保法司法解释》第70条：抵押人的行为足以使抵押物价值减少的，抵押权人请求抵押人恢复原状或提供担保遭到拒绝时，抵押权人可以请求债务人履行债务，也可以请求提前行使抵押权。

《担保法司法解释》第73条：抵押物折价或者拍卖、变卖该抵押物的价款低于抵押权设定时约定价值的，应当按照抵押物实现的价值进行清偿。不足清偿的剩余部分，由债务人清偿。

专家解析：

在抵押担保中，抵押权人应该关注抵押物的价值变化，因为如果抵押物的价值降低了的话，根据《担保法司法解释》第73条，抵押权人只能按照实现抵押权时的价值清偿，这对抵押权人是不利的。因此法律规定了在抵押物价值减少时，抵押权人所享有的权利：(1)因抵押人的行为导致抵押物价值减少的，抵押权人可以要求抵押人停止这一行为。(2)如果抵押物价值已经减少了的，抵押权人可以要求抵押人恢复抵押物的价值，或者提供等值的其他担保。(3)如果抵押人既不恢复抵押物价值，也不提供等值担保的，那么抵押权人就可以要求债务人提前清偿债务，如果债务人不清偿的话，抵押权人可以提前行使抵押权。另外，根据《物权法》第174条的规定，担保期间，担保财产毁损、灭失或者被征收等，担保物权人可以就获得的保险金、赔偿金或者补偿金等优先受偿。被担保债权的履行期未届满的,也可以提存该保险金、赔偿金或者补偿金等。

因此,本案例中,金某可以要求李某去修车,恢复抵押物的价值,也可以要求李某提供其他价值 3 万元的担保。如果两者都无法做到的话,那么金某就只能要求尚某提前还款了,尚某如果还不出钱,金某就可以提前行使对李某轿车的抵押权,包括对保险公司赔付的 3 万元保险金行使抵押权。

24.抵押物因别的原因被法院查封,债权人是否还能优先受偿

案例:

甲公司为实现转型升级,打算引进更先进的生产线,但因为流动资金有限,无力一次性对外支付。在与当地的乙银行沟通后,乙银行同意提供 2000 万贷款给甲公司,但需要甲公司提供厂房作为抵押,贷款期限 5 年,甲公司表示同意。办理抵押手续后,乙银行将 2000 万贷款发放到甲公司,甲公司用该笔贷款购买了新的生产线。

新生产线投入使用第一年,生产效益不错,甲公司为尽快回收成本,开始加快生产,大量采购原材料,但因市场需求并未打开,货物囤积严重,经营状况开始恶化。第三年,甲公司因资不抵债申请破产,甲公司的债权人得知后立马向法院申请破产债权并申请查封甲公司的所有财产,包括甲公司的厂房。乙银行也参与了破产财产的申请,但在对破产财产的分配上,其他债权人与乙银行产生了分歧,其他债权人认为乙银行的债权并未到期,而法院已经查封了甲公司的财产,查封在前而行使抵押权的时间在后,因此乙银行不能就抵押的厂房优先受偿。

请问,在法院查封了抵押物后,乙银行的抵押权是否还有优先权?

相关法条:

《担保法司法解释》第 55 条:已经设定抵押的财产被采取查封、扣押等财产保全或者执行措施的,不影响抵押权的效力。

《破产法》第 109 条:对破产人的特定财产享有担保权的权利人,对该特定财产享有优先受偿的权利。

《破产法》第 110 条:享有本法第一百零九条规定权利的债权人行使优先受偿权利未能完全受偿的,其未受偿的债权作为普通债权;放弃优先受偿权利的,其债权作为普通债权。

最高院《关于人民法院执行工作若干问题得规定(试行)》第 40 条:人民法院对被执行人所有的其他人享有抵押权、质押权或留置权的财产,可以采取查封、扣押措施。财产拍卖、变卖后所得价款,应当在抵押权人、质押权人或留置权人优先受偿后,其余额部分用于清偿申请执行人的债权。

专家解析:

乙银行当然享有优先权,如果甲公司的厂房被拍卖、变卖后价值3000 万,那乙银行就能从这 3000 万中直接拿走 2000 万的本金和利息,有多余的再给其他债权人去分配。如果甲公司的厂房被拍卖、变卖后只价值 1500 万,那这 1500 万就全部归乙银行了,乙银行未受清偿的利息和 500 万本金只能和其他债权人一起,在甲公司的其他财产中按债权比例分配了。

在此,我们应该注意的是,乙银行享有优先权有个前提,就是抵押权在财产被查封之前设定。我国《担保法》第 37 条规定"依法被查封、扣押、监管的财产"不得设定抵押,也就是说,如果某一财产已经被查封、扣押、监管了,再设定抵押就无效了,抵押权人就无法享有优先受偿权了。

 ## 25.抵押权和租赁权哪个优先

案例：

张三向李四借款 50 万，王五以其闲置的房屋一套为张三提供抵押担保。担保期间，赵六的亲戚赵九来城里打工，没有住的地方，赵六知道王五有一套多余的房屋，因此找到王五，希望王五能把那套多余的房屋租给自己的亲戚。王五本来就有租房的打算，就同意了，在签订租房合同的时候，王五提醒赵九说："这套房子已经抵押给李四了，如果以后张三还不起钱，这套房子是要处理掉的，到时候你可能就住不了了。"赵九急着租下来，于是回了句："这个没关系，到时候再说"，双方在租房合同上签字。后来借款到期后，张三没还钱，李四要求行使抵押权，将房子变卖给了钱七，钱七自己有居住需求，要求赵九腾房，赵九没办法，这能先搬到宾馆再找别的房子。

请问，钱七要求赵九腾房是否合理，赵九应如何维护自己的权利？

相关法条：

《物权法》第 190 条：订立抵押合同前抵押财产已出租的，原租赁关系不受该抵押权的影响。抵押权设立后抵押财产出租的，该租赁关系不得对抗已登记的抵押权。

《担保法》第 48 条：抵押人将已出租的财产抵押的，应当书面告知承租人，原租赁合同继续有效。

《担保法司法解释》第 65 条：抵押人将已出租的财产抵押的，抵押权实现后，租赁合同在有效期内对抵押物的受让人继续有效。

《担保法司法解释》第 66 条:抵押人将已抵押的财产出租的,抵押权实现后,租赁合同对受让人不具有约束力。

抵押人将已抵押的财产出租时,如果抵押人未书面告知承租人该财产已抵押的,抵押人对出租抵押物造成承租人的损失承担赔偿责任;如果抵押人已书面告知承租人该财产已抵押的,抵押权实现造成承租人的损失,由承租人自己承担。

专家解析:

本案例涉及的是抵押权和租赁权的关系,在我国法律中,有"买卖不破租赁"的规定,即房屋买卖后,原先的租赁合同继续有效,承租人有权继续租赁该房屋,买受人无权要求承租人在租赁合同到期前搬出去。那么,在抵押关系中,是否也存在这样的规定呢?

《物权法》《担保法》和《担保法司法解释》根据抵押权和租赁权设定顺序的先后,对该问题作出了不同的规定。(1)租赁在先,抵押在后的,租赁关系不受抵押权的影响,也就是"抵押不破租赁",承租人有权继续按租赁合同的约定使用房子。(2)抵押在先,租赁在后的,抵押权优先,也就是说实现抵押权的时候,新的受让人可以要求承租人腾房。由此给承租人造成损失的,又区分 2 种情况对待,抵押人没有将抵押的事实书面告知承租人的,那么抵押人要承担赔偿责任;如果抵押人已经书面告知抵押的事实了,那么承租人就要自己承担相应的损失,与抵押人无关。

本案例属于第(2)种情况,李四的抵押权设立在先,而赵九的租赁权设立在后,因此李四在实现抵押权将房子变卖给钱七后,钱七是有权要求赵九腾房的。对于赵九的损失,因为王五在租赁房屋时没有书面告知抵押的事实,因此应承担赔偿责任。

(1)对于承租人来说,在租赁房屋前应了解房屋是否存在抵押的情况,避免因抵押权的行使给自己造成不便;

（2）对于出租人来说，如果房屋时先抵后租的情况，一定要书面告知承租人抵押的事实，并保留证据，以免承担损失；

（3）对于抵押权人来说，在接受房屋抵押时要考察房屋是否已经出租，以免对行使抵押权造成影响。

 26.继承、赠与对抵押权的影响

案例：

张三向李四借款 100 万，借款期间从 2005 年 8 月 12 日到 2008 年 8 月 11 日，王五以其房屋为张三提供抵押担保并办理了抵押登记。2006 年 11 月 3 日，王五因病去世，其房屋由其儿子王小五继承。2007 年 6 月 21 日，王小五又将房屋赠送给自己的未婚妻赵小六。2008 年 8 月 11 日，张三的借款到期但未能还钱给李四，李四找到王小五，又找到赵小六，要求对王五当年抵押的房屋行使抵押权，赵小六不同意，认为抵押是当年王五设立的，现在王五已经不在了，也就不必承担这一担保义务了，况且现在房子的所有权人自己，因此不同意李四的请求。

请问，李四是否有权对现在属于赵小六的房子行使抵押权？

相关法条：

《担保法司法解释》第 68 条 抵押物依法被继承或者赠与的，抵押权不受影响。

专家解析：

抵押是基于特定财产的价值所设定的担保，在一项财产上设定抵押担保后，财产所有权人的权利就会受到限制，比如未经抵押权人同意,财产所有权人是不可以转让该抵押财产的。对于继承和赠与,法律是允许的,但继承和赠与行为不能对抗抵押权。在本案例中,一旦李四在自己的房子上设定了抵押权,在抵押权消灭之前,无论房子由谁继承或者赠与给了谁,都要背负着李四的抵押权。因此,赵小六的说法是不对的,李四完全有理由要求通过折价、拍卖、变卖的方式来实现自己的抵押权。

第四章 质 押

 1.什么是质押

案例：

张三向李四借款，李四要求张三提供担保，张三提出家里有一台打印机放着不用，可以用来担保，李四担心打印机放着张三家里，指不定什么时候就不见了，因此希望张三能把打印机拿到自己家里，等到他还清借款后再还给他。

请问，李四的想法在法律上能否得到支持？

相关法条：

《物权法》第 208 条：为担保债务的履行，债务人或者第三人将其动产出质给债权人占有的，债务人不履行到期债务或者发生当事人约定的实现质权的情形，债权人有权就该动产优先受偿。

前款规定的债务人或者第三人为出质人，债权人为质权人，交付的动产为质押财产。

《物权法》第 223 条：债务人或者第三人有权处分的下列权利可以出质：

（一）汇票、支票、本票；

(二)债券、存款单;

(三)仓单、提单;

(四)可以转让的基金份额、股权;

(五)可以转让的注册商标专用权、专利权、著作权等知识产权中的财产权;

(六)应收账款;

(七)法律、行政法规规定可以出质的其他财产权利。

《物权法》第 222 条:出质人与质权人可以协议设立最高额质权。

最高额质权除适用本节有关规定外,参照本法第十六章第二节最高额抵押权的规定。

《担保法》第 63 条:本法所称动产质押,是指债务人或者第三人将其动产移交债权人占有,将该动产作为债权的担保。债务人不履行债务时,债权人有权依照本法规定以该动产折价或者以拍卖、变卖该动产的价款优先受偿。

前款规定的债务人或者第三人为出质人,债权人为质权人,移交的动产为质物。

专家解析:

李四的想法在法律是一种质押行为,是有法律明文规定认可的。质押,是指债务人或第三人将出质的财产或权利交债权人占有,作为债的担保,在债务人不履行债务或者发生当事人约定的实现质权的情形时,债权人有权以该财产或权利折价或拍卖、变卖所得的价款优先受偿。《民法通则》中只规定了保证、抵押、定金和留置这四种担保方式,《担保法》第 63 条对质押作出了单独的规定,《物权法》也单独规定了质权一章。

质押分为动产质押和权利质押,动产质押以交付动产的方式设立质权,权利质押以交付权利凭证或通过登记的方式来设立质权。质押与抵押最大的区别的就是抵押不需要交亡抵押物，抵押物仍然由抵押人占有、控制、使用，而质押是要将质押物交付给质押权人的，不动产只能设立抵押权而不能设立质押权。

根据《物权法》第222条的规定，质押也是可以设定最高额质权的，参照《物权法》关于最高额抵押权的规定执行。

2.哪些动产可以办理质押

案例：

潘某是某运输队的成员，自己有一辆运货的小卡车。袁某从事西瓜收购生意。2003年6月，袁某找到潘某，希望租用潘某的小卡车用于收购西瓜的交通工具，潘某觉得收购西瓜要全县各地地跑，而且要送到隔壁县去销售，期间要经过一段险峻的山路，潘某不放心，要求提供担保。袁某刚好手头有6万块回款，于是就将这6万块钱用信封封起来，两人签订书面的合同，约定："如果袁某3个月内不能将小卡车完好送回，则潘某可以以信封内的6万元先弥补损失，不足部分再向袁某追偿。"两人都签字后，袁某将信封交给潘某。

请问，这种封金的方式属不属于质押，哪些东西可以用来质押？

相关法条：

《物权法》第209条：法律、行政法规禁止转让的动产不得出质。

《担保法司法解释》第85条：债务人或者第三人将其金钱以特户、封金、保证金等形式特定化后，移交债权人占有作为债权的担保，债务人不履行债务时，债权人可以以该金钱优先受偿。

专家解析：

对于质押物,法律并没有列举性的规定,《物权法》第209条规定了不得出质的财产,结合质押的特性,质押物应具备以下特点:(1)动产,质押是要转移占有的,动产可以以交付方式转移占有,而不动产要经过登记,为方便起见,法律规定不动产只能设立抵押权,而动产既可以设定抵押权,也可以设定质押权;(2)不是法律、行政法规禁止转让的物品,如毒品、枪支弹药、淫秽物品等。

值得注意的是,交付金钱的,一般情况下转移的是所有权,但《担保法司法解释》第85条规定如果金钱被特定化后,就可以当作质押物。也就是说,这个时候质押人交付的金钱,只是用作担保,到期如果没有实现质押权的情形,质押权人是要将这个特定的金钱退还的。本案例中袁某的行为就是将金钱特定后用于质押的行为,是法律所认可的。

3.质押合同如何约定

案例：

2008年1月,吴某向高某借款5000元,约定2009年1月前还款,逾期则按照每月3%的利息收取。期限届满后,吴某未能还款。2009年2月,吴某将其一套制煤球的机器送到高某处,高某予以接收。此后约20天,吴某找来县上比较懂行的专家朱某某和刘某某对机器进行估价,确认机器价值15000元。高某对估价结论未提出异议。此后吴某一直没有还款,高也没有对机器进行妥善保管,以致机器锈蚀严重。2010年11月,高某将机器低价出售。2011年3月,吴某向法院提起诉讼,称自己2009年1月其将机器交给高某,属于用机器抵债行为,要求高某退还余款10000元。高某答辩称,吴某的行为属于质押行为,因吴某一直没有清偿欠款,故自己将机器处理后以抵消部分欠款,高某同时要求吴某按每月 3%的利率承担利息。

请问,吴某的行为能否被认定为质押行为,如果要设定抵押,要如何进行约定?

相关法条:

《物权法》第 210 条:设立质权,当事人应当采取书面形式订立质权合同。

质权合同一般包括下列条款:

(一)被担保债权的种类和数额;

(二)债务人履行债务的期限;

(三)质押财产的名称、数量、质量、状况;

(四)担保的范围;

(五)质押财产交付的时间。

《物权法》第 211 条:质权人在债务履行期届满前,不得与出质人约定债务人不履行到期债务时质押财产归债权人所有。

专家解析:

本案例中,吴某将其机器交付给高某,也对机器的价值做了评估,但双方并未就该行为进行约定,根据《物权法》第 210 条的规定,设立质权必须订立书面的质权合同,并且对质权合同的一般条款作出了规定,当事人应当参照《物权法》的规定订立书面的质权合同。本案例中只有机器的交付行为而无质押的约定,因此不应该认定为质押行为。

应该注意的是,与抵押合同不同,质押合同中需要约定质押财产的交付时间,这是由于质押的交付本质所决定的。对于流质条款,法律也是不允许的,即当事人不能提前约定债务人不履行债务,质押物就归质押权人所有的条款。

4.动产质押的设立需要履行什么手续

案例:

2010年9月11日,张三向李四借款10万元,李四要求张三提供担保。张三说自己家里有两辆车,一辆桑塔纳,一辆别克,别克车自己要开,可以把桑塔纳停到李四家作为担保。李四同意,两人签订了《借款合同》和《质押合同》,合同中约定"张三以其桑塔纳轿车一辆作为质押担保,如果张三到期不能还款,李四可以与张三协议将桑塔纳轿车折价转让给李四"。2010年9月20日,张三没有将桑塔纳轿车开到李四家,而是将别克车交给了李四。

请问,李四的质权什么时候设立,质押物是桑塔纳轿车还是别克轿车?

相关法条:

《物权法》第212条:质权自出质人交付质押财产时设立。

《担保法司法解释》第86条:债务人或者第三人未按质押合同约定的时间移交质物的,因此给质权人造成损失的,出质人应当根据其过错承担赔偿责任。

《担保法司法解释》第87条:出质人代质权人占有质物的,质押合同不生效;质权人将质物返还于出质人后,以其质权对抗第三人的,人民法院不予支持。

因不可归责于质权人的事由而丧失对质物的占有,质权人可以向不当占有人请求停止侵害、恢复原状、返还质物。

《担保法司法解释》第88条:出质人以间接占有的财产出质的,质押合同自书面通知送达占有人时视为移交。占有人收到出质通知后，仍接受出质人的指示处分出质财产的，该行为无效。

《担保法司法解释》第 89 条：质押合同中对质押的财产约定不明，或者约定的出质财产与实际移交的财产不一致的，以实际交付占有的财产为准。

专家解析：

根据《物权法》第 212 条的规定，质权在交付质押财产后设立，这就区分了物权行为和债权行为，《担保法司法解释》对此没有区分，而是规定质物不交付，质押合同不生效。《物权法》的规定是合理的，质押合同的成立和生效有其自己的条件。因此，本案例中，李四的质权的设立时间是 2010 年 9 月 20 日。

质押行为要成立，必须交付质押物，如果质押物在第三人手中，则可以通过书面通知的方式交付，比如如果张三的轿车正在被王五使用，那么张三可以发书面通知给王五，告知轿车已经质押给李四，这种情况下，当张三的书面通知送到李四手里，就视为轿车已经交付给李四了。

另外，如果质押人交付的质押财产与《质押合同》的约定不一致的，应该以实际交付的质押财产为准。也就是说，本案例中因为张三交付的是别克车，而《质押合同》约定的是桑塔纳，那么质押财产应以实际交付的为准，即别克车是抵押财产。

5.如何行使质押权

案例：

张大顺以砍柴为生，为了造新房娶亲，向张有财借款 1 万元，张有财要求张大顺提供担保。张大顺身无一物，但他弟弟张小顺有一艘渔船，现在弟弟在镇上卖猪肉，渔船也不怎么用了。因此张大顺让张小顺将渔船交给张有财作为担保，张小顺怕张有财使用渔船造成损坏，就把船桨卸了下来，之后将渔船交给张有财。

请问，如果借款到期，张大顺还不起钱，张有财应该如何行使质押权？

相关法条：

《物权法》第 219 条：债务人履行债务或者出质人提前清偿所担保的债权的，质权人应当返还质押财产。

债务人不履行到期债务或者发生当事人约定的实现质权的情形，质权人可以与出质人协议以质押财产折价，也可以就拍卖、变卖质押财产所得的价款优先受偿。

质押财产折价或者变卖的，应当参照市场价格。

《担保法》第 71 条：债务履行期届满债务人履行债务的，或者出质人提前清偿所担保的债权的，质权人应当返还质物。

债务履行期届满质权人未受清偿的，可以与出质人协议以质物折价，也可以依法拍卖、变卖质物。

质物折价或者拍卖、变卖后，其价款超过债权数额的部分归出质人所有，不足部分由债务人清偿。

《担保法司法解释》第 91 条：动产质权的效力及于质物的从物。但是，从物未随同质物移交质权人占有的，质权的效力不及于从物。

《担保法司法解释》第 95 条第 1 款：债务履行期届满质权人未受清偿的，质权人可以继续留置质物，并以质物的全部行使权力。出质人清偿所担保的债权后，质权人应当返还质物。

《担保法司法解释》第 106 条：质权人向出质人、出质债权的债务人行使质权时，出质人、出质债权的债务人拒绝的，质权人可以起诉出质人和出质债权的债务人,也可以单独起诉出质债权的债务人。

专家解析:

和抵押一样,如果债务人到期不能履行债务,质权人可以行使质押权,可以将质押物协议折价,也可以拍卖、变卖,本案例中,如果张大顺到期不还钱,张有财就可以和张小顺协议将渔船折价抵给自己,也可以拍卖、变卖,以拍卖、变卖后的价款清偿张大顺的欠款。

在本案例中,应该注意的是,如果张有财行使质押权,能否要求张小顺将船桨也拿来一并处理?一般情况下,质押的效力是及于质押物的从物的,但《担保法司法解释》第91条规定,从物未随同质物移交质权人占有的,质权的效力不及于从物,因此,船桨不属于质押物的范围。

另外,如果张小顺不同意将渔船折价给张有财,或者进行拍卖、变卖的,张有财既可以同时起诉张大顺和张小顺,也可以单独起诉张小顺。

6.质权人不及时行使质押权,提供质押物的人应如何维护自己的权利

例:

张三向李四借款2000元,张三以其价值5000元的手机一部作为质押担保,双方签订了《借款合同》和《质押合同》,张三将手机交给李四。借款到期后,张三无力清偿债务,希望李四将手机变卖,当时市场价4000元,但李四迟迟不同意。3个月后,市场上推出了新款手机,张三质押的手机,价格从4000元降到了2500元。张三认为是李四的原因未能及时卖掉手机,导致自己遭受损失,于是要求李四按照4000元的价格

来扣除借款,返回自己手机款 2000 元。

请问,张三的要求是否合理?

相关法条:

《物权法》第 220 条:出质人可以请求质权人在债务履行期届满后及时行使质权;质权人不行使的,出质人可以请求人民法院拍卖、变卖质押财产。

出质人请求质权人及时行使质权,因质权人怠于行使权力造成损害的,由质权人承担赔偿责任。

《担保法司法解释》第 95 条:债务履行期届满质权人未受清偿的,质权人可以继续留置质物,并以质物的全部行使权力。出质人清偿所担保的债权后,质权人应当返还质物。

债务履行期届满,出质人请求质权人及时行使权力,而质权人怠于行使权力致使质物价格下跌的,由此造成的损失,质权人应当承担赔偿责任。

专家解析:

在质押担保中,因为质押物是由质权人保管的,如果债务人不履行债务,债权人是可以一直留置质押物不返还的。但如果质权人迟迟不行使质权的话,质押物就可能因市场变化或其他原因而价格下降,这就会对出质人造成损失。因此《物权法》和《担保法司法解释》都规定了质权人怠于行使质权给出质人造成损失的赔偿责任。

质权人于债务履行期届满,经出质人请求应及时行使权力,而质权人怠于行使质权,致使质物价格显著下跌的,应由质权人承担因此造成的损失。需要说明的是,质权人怠于行使质权,致使质物的价格显著下跌,一是要强调由于质权人经出质人请求迟迟不行使质权;二是要强调"显著下跌"这一事实状态。因为市场的供求关系在时刻变化,一般的变化是不可避免的,因此,不属于价格显著下跌,也不能要求质权人赔偿价格下跌的损失。在本案例中,因李四迟迟不行使质权,导致张三的手机价格显著下降,因此,李四应对张三承担赔偿责任。

另外,根据《物权法》第 220 条的规定,如果质权人迟迟不行使质权,出质人自己也是可以通过请求法院进行拍卖、变卖的方式来处理质押财产的。

 ## 7.质权人能否把质押财产再质押给别人

案例:

张三向李四借款 10 万元,张三以其价值 20 的轿车提供质押担保,两人签订了《借款合同》和《质押合同》,张三将轿车开到李四家中的院子里。一个月后,李四向王五借款 3 万元,王五要求提供担保,李四没有闲置的财产可以担保,于是提出张三欠自己 10 万元,有一辆轿车停在自己的院子里作为质押担保,王五可以将张三的轿车开走作为质押,王五找来张三,问张三同不同意,张三因欠李四的钱,如果不同意,李四可能会要自己提前还款,因此同意只要三五妥善保管车子,就可以将车子交给王五,于是轿车开到了王五家中。一年后,张三和李四的债务都到期了,两人都还不出钱,王五要求处理质押的轿车,变卖后获得价款 15 万元。

请问,李四将张三的轿车又质押给三五是否合理,车子变卖后的 15 万元应如何分配?

相关法条:

《物权法》第 217 条:质权人在质权存续期间,未经出质人同意转质,造成质押财产毁损、灭失的,应当向出质人承担赔偿责任。

《担保法司法解释》第 94 条:质权人在质权存续期间,为担保自己的债务,经出质人同意,以其所占有的质物为第三人设定质权的,应当在原质权所担保的债权范围之内,超过的部分不具有优先受偿的效力。转质权的效力优于原质权。

质权人在质权存续期间,未经出质人同意,为担保自己的债务,在其所占有的质物上为第三人设定质权的无效。质权人对因转质而发生的损害承担赔偿责任。

专家解析:

李四的行为在法律上被称为转质,关于转质的效力,《担保法司法解释》根据是否经得出质人的同意而做了区分:如果未经出质人同意而转质,则转质行为无效;如果经过出质人的同意,并且转质担保的范围在原质权担保的范围内,则被认定为有效,如果超出了,则超出的部分无效。转质的效力是优先于原质权的。

具体到本案例,李四的质权是原质权,担保的债权金额是 10 万元。王五的质权是转质权,担保的债权是 3 万元。因此王五的转质权担保的范围在原质权的范围内,并且经过了出质人张三的同意,因此该转质权是有效的。根据转质权优先于原质权的原则,王五可以就车子变卖后的15 万元优先受偿,先拿走其中的 3 万,这 3 万其实是用于清偿李四的债务,却在张三的财产中扣除的,因此张三在对李四的 10 万欠款中有权先扣除这 3 万元,还欠李四 7 万元。李四在车子变卖所得剩余的 12 万中拿走 7 万,剩余 5 万归张三。

如果李四向王五借款 12 万,并以张三的车子转质,即使经过张三的同意,王五也只能优先受偿 10 万,因为不能超过原质权的担保范围。

如果李四的转质行为没有经得张三的同意,那么该转质行为是无效的,王五无权就车子的变卖所得优先受偿。这种情况下,李四优先从

15万中拿走10万,剩余5万归张三,至于王五,只能向李四主张一般债权了。

8.质押期间,质押财产的孳息由谁收取

案例:

有奖存单抵押后,中奖的奖金归谁所有?

王某在1999年6月用2000元购买了10张无记名低息有奖存单,7月份一场台风过后,王某的房子被严重损坏,为了维修房屋,王某向同村的李某借款2000元并将手中的有奖存单质押给李某,同时答应在11月底前还清2000元欠款,李某同意扣留王某的存单并将2000元借给王某。8月份开奖后,王某发现自己其中一张存单中了2000元的大奖,而这2000元已经被李某领走,王某找到李某要求其返还2000元奖金,请问该2000元奖金应归谁所有?

相关法条:

《物权法》第213条:质权人有权收取质押财产的孳息,但合同另有约定的除外。

前款规定的孳息应当先充抵收取孳息的费用。

专家解析:

该奖金应归王某所有,这2000元属于存单的孳息,孳息归属于主物的所有者。虽然存单质押给了李某,但所有权仍属于王某,因此该2000元奖金属于王某,但李某作为质权人,有权收取质押财产的孳息,所以李某是有权领取该2000元奖金的。如果王某到期不能还款,那么

李某可以就存单和奖金优先受偿;如果王某按期还款,那么李某应将存单和奖金一并返还给王某。

如果开奖时间是 12 月份,王某在 11 月底因还不出 2000 元而将存单折价给李某来清偿 2000 元欠款。这种情况下,如果 12 月份开奖后,其中一张存单中奖了,奖金就应该归李某所有了,因为此时存单已经归李某所有了,存单所产生的利益(即孳息)也应归属于李某。

 ## 9.质权人在保管质押物的时候应注意哪些问题

案例:

小华是在校大学生,为了参加一个暑期夏令营活动,需要 5000 元钱。小华的父母只在开学的时候给小华打钱,为了参加夏令营,小华向隔壁宿舍的严锦借款 5000 元,严锦提出要小华的宏基笔记本电脑做质押,小华同意了。小华将笔记本交给严锦后,严锦天天拿小华的笔记本打游戏,还经常借给不是很熟的同学拿去玩,小华得知这个情况后,要求严锦将笔记本锁起来不能再玩了。但严锦并没有听从的小华的要求,而是继续拿笔记本打游戏,一天,严锦不小心将水洒到了桌子上,导致小华的笔记本进水,小华回来后拿去维修花了 800 元。

请问,严锦在保管小华的笔记本的时候犯了哪些错误,小华应如何维护自己的权利?

相关法条:

《物权法》第 214 条:质权人在质权存续期间,未经出质人同意,擅自使用、处分质押财产,给出质人造成损害的,应当承担赔偿责任。

《物权法》第 214 条:质权人负有妥善保管质押财产的义务;因保管

不善致使质押财产毁损、灭失的,应当承担赔偿责任。

质权人的行为可能使质押财产毁损、灭失的,出质人可以要求质权人将质押财产提存,或者要求提前清偿债务并返还质押财产。

《担保法》第69条:质权人负有妥善保管质物的义务。因保管不善致使质物灭失或者毁损的,质权人应当承担民事责任。

质权人不能妥善保管质物可能致使其灭失或者毁损的,出质人可以要求质权人将质物提存,或者要求提前清偿债权而返还质物。

《担保法司法解释》第93条:质权人在质权存续期间,未经出质人同意,擅自使用、出租、处分质物,因此给出质人造成损失的,由质权人承担赔偿责任。

专家解析:

本案例中,小华将笔记本作为质押物交付给严锦,严锦应该妥善保管质押物,不得随意使用、处分。严锦犯的错误主要有以下几点:(1)拿小华的笔记本打游戏,因为未经出质人同意,质权人不得擅自使用质押物;(2)将笔记本借给其他同学玩,这属于未经出质人同意,擅自出借抵押物的行为;(3)不小心让小华的笔记本进水。针对严锦的上述问题,小华可以要求将笔记本提存,或者要求提前还钱来要回笔记本。对于笔记本进水问题,因为是严锦保管不善造成的,对于这800元的维修费损失,应该由严锦承担,小华可以在严锦的借款中扣除。

10.质押物价值可能明显减少时怎么办

案例:

甲钢厂向乙银行贷款5000万元,借款期限从2007年12月25日到 2009 年 12 月 24 日，以其在第三方仓库中的货物作为质押担保，货物当时价值 1 亿元，双方签订了书面的《贷款合同》和《质押合同》，甲钢厂在第三方仓库与乙银行办理了质押物的交付手续。2008 年 8 月开始，钢材价格开始急剧下跌，乙银行担心再这么跌下去，自己的贷款就没有保障了，因此提出贷款提前到期，要求甲钢厂提前还款，否则银行将处理质押物。

请问，乙银行是否有权单方面要求甲钢厂提前履行债务？

相关法条：

《物权法》第 216 条：因不能归责于质权人的事由可能使质押财产毁损或者价值明显减少，足以危害质权人权利的，质权人有权要求出质人提供相应的担保；出质人不提供的，质权人可以拍卖、变卖质押财产，并与出质人通过协议将拍卖、变卖所得的价款提前清偿债务或者提存。

《担保法》第 70 条：质物有损坏或者价值明显减少的可能，足以危害质权人权利的，质权人可以要求出质人提供相应的担保。出质人不提供的，质权人可以拍卖或者变卖质物，并与出质人协议将拍卖或者变卖所得的价款用于提前清偿所担保的债权或者向与出质人约定的第三人提存。

《担保法》第 73 条：质权因质物灭失而消灭。因灭失所得的赔偿金，应当作为出质财产。

专家解析：

质押物以其价值来担保债权人债权的实现，如果质押物的价值明显减少了，那相应的，债权人的保障就减弱了。为了保护债权人的利益，《物权法》第 216 条和《担保法》第 70 条都规定了在质押物有损坏或价值明显减少的情况下，债权人可以要求出质人提供其他的担保来弥补现有的抵押物价值减少的部分，如果出质人不同意提供的，那么债权人就有权拍卖、变卖质押物，并与出质人协商提前清偿债务或者提存。

要注意的是,这里的质押物价值明显减少是客观原因造成的,而不是因为质权人保管不善等原因造成的。如果质押物因不可抗力灭失或者被征收征用而损坏、灭失,那么因损坏、灭失而获得的保险金、赔偿金、补偿金应该作为出质财产,质权人有权优先受偿。

因此,在本案例中,乙银行首先应该要求甲钢厂提供其他担保来担保因市场价格下跌而减少的价值部分,如果甲钢厂不提供,那么乙银行就可以通过拍卖、变卖的方式处理质押物,就所得的款项,乙银行应与甲钢厂协商是用于提前清偿贷款还是先交提存机关提存。

11.质押财产有质量问题给质权人造成损失,出质人是否要承担责任

案例:

甲向乙借款 5 万元,用于购买生产设备。双方签订动产质押合同,甲将一台电冰箱和一台彩电质押给乙。某日下午,电冰箱突然爆炸,造成乙家里财产毁损,同时乙的儿子因救火被烧伤住院,花去费用若干。经统计,此次因冰箱爆炸给乙造成损失 3 万元。据调查,是电冰箱质量问题所导致的。现乙要求甲赔偿该损失,甲拒绝,认为这是产品质量问题,应找生产商所赔。

请问:甲是否应赔偿乙的损失?

相关法条:

《担保法司法解释》第 90 条:质物有隐蔽瑕疵造成质权人其他财产损害的,应由出质人承担赔偿责任。但是,质权人在质物移交时明知质物有瑕疵而予以接受的除外。

专家解析：

　　甲应赔偿乙的损失。根据《担保法司法解释》第 90 条：质物有隐蔽瑕疵造成质权人其他财产损害的，应由出质人承担赔偿责任。但是，质权人在质物移交时明知质物有瑕疵而予以接受的除外。在本案中，作为质权人的乙在质物移交时并不知晓该质物有隐蔽的瑕疵，因而不存在过错。甲作为出质方应承担冰箱爆炸给乙带来的财产损失的赔偿。根据《产品质量法》第 43 条之规定，因产品存在缺陷造成人身、他人财产损害的，受害人可以向产品的生产者要求赔偿，也可以向产品的销售者要求赔偿。因此甲可以以产品质量有瑕疵为由，向产品的经营者和生产者索赔。

12.质押物被抢被偷，质权人是否有权起诉

案例：

　　王某做生意急需一笔资金周转，故找到周某。双方签订动产质押合同，约定王某向周某借款 50 万，借款期限为两个月，同时将自己所有的一辆汽车质押给周某。周某的邻居赵某曾借给周某 10 万，周某一直未还，看到院子里停了汽车，以为是周某的，故找了拖车将该汽车拖到自己家里。周某发现后，多次要求赵某返还汽车，赵某了解事情后，一直以该车并不属于周某为由拒绝归还。周某无奈下，只得诉之于法院，要求赵某归还汽车。

　　请问：周某的诉求法院能否支持？

相关法条：

　　《担保法司法解释》第 87 条第 2 款：因不可归责于质权人的事由而

丧失对质物的占有，质权人可以向不当占有人请求停止侵害、恢复原状、返还质物。

专家解析：

周某的诉求法院能支持。动产质押合同是指债务人或第三人与债权人签订的，约定债务人或第三人将其动产移交债权人占有，将该动产作为债权的担保，债务人不履行债务时，债权人有权以该动产卖得价款优先受偿的协议。在本案中，周某作为质权人，应拥有对质物的占有。赵某与周某的借款纠纷，与王某没有直接的联系，周某丧失对汽车的占有，其责任不在周某。根据担保法司法解释87条第2款，因不可归责于质权人的事由而丧失对质物的占有，质权人可以向不当占有人请求停止侵害、恢复原状、返还质物。因此，周某有权向不当占有人即赵某请求返还质物。法院应支持周某的诉求。

13.哪些权利可以设立质押

相关法条：

《物权法》第223条：债务人或者第三人有权处分的下列权利可以出质：

(一)汇票、支票、本票；

(二)债券、存款单；

(三)仓单、提单；

(四)可以转让的基金份额、股权；

(五)可以转让的注册商标专用权、专利权、著作权等知识产权中的财产权；

(六)应收账款；

(七)法律、行政法规规定可以出质的其他财产权利。

《担保法》第 75 条：下列权利可以质押：

(一)汇票、支票、本票、债券、存款单、仓单、提单；

(二)依法可以转让的股份、股票；

(三)依法可以转让的商标专用权，专利权、著作权中的财产权；

(四)依法可以质押的其他权利。

《担保法司法解释》第 97 条：以公路桥梁、公路隧道或者公路渡口等不动产收益权出质的，按照担保法第七十五条第(四)项的规定处理。

专家解析：

权利质权是以出质人提供的除所有权、用益物权以外的其他财产权利为标的而设立的担保物权。和《担保法》相比，《物权法》增加了可以转让的基金份额和应收账款这两项权利。根据《担保法司法解释》第 97 条的规定，路桥的过路费等也可以设定权利质权。

14.票据等有价证券如何设立质权

❈   ❈   ❈

案例：

甲公司销售一批货物给乙公司，乙公司开具了一张 3 个月的银行承兑汇票给甲公司。承兑到期前，甲公司以该承兑汇票为质押，向信用社贷款，贷款期限 6 个月。

请问，甲公司以承兑汇票提供质押，应办理什么手续？因承兑汇票的期限为 3 个月,贷款期限为 6 个月,承兑汇票到期应如何处理?

相关法条:

《物权法》第 224 条:以汇票、支票、本票、债券、存款单、仓单、提单出质的,当事人应当订立书面合同。质权自权利凭证交付质权人时设立;没有权利凭证的,质权自有关部门办理出质登记时设立。

《物权法》第 225 条:汇票、支票、本票、债券、存款单、仓单、提单的兑现日期或者提货日期先于主债权到期的,质权人可以兑现或者提货,并与出质人协议将兑现的价款或者提取的货物提前清偿债务或者提存。

《担保法》第 76 条:以汇票、支票、本票、债券、存款单、仓单、提单出质的,应当在合同约定的期限内将权利凭证交付质权人。质押合同自权利凭证交付之日起生效。

《担保法》第 77 条:以载明兑现或者提货日期的汇票、支票、本票、债券、存款单、仓单、提单出质的,汇票、支票、本票、债券、存款单、仓单、提单兑现或者提货日期先于债务履行期的,质权人可以在债务履行期届满前兑现或者提货,并与出质人协议将兑现的价款或者提取的货物用于提前清偿所担保的债权或者向与出质人约定的第三人提存。

《担保法司法解释》第 102 条:以载明兑现或者提货日期的汇票、支票、本票、债券、存款单、仓单、提单出质的,其兑现或者提货日期后于债务履行期的,质权人只能在兑现或者提货日期届满时兑现款项或者提取货物。

《担保法司法解释》第 98 条:以汇票、支票、本票出质,出质人与质权人没有背书记载"质押"字样,以票据出质对抗善意第三人的,人民法院不予支持。

《担保法司法解释》第 99 条:以公司债券出质的,出质人与质权人没有背书记载"质押"字样,以债券出质对抗公司和第三人的,人民法院不予支持。

《担保法司法解释》第 101 条：以票据、债券、存款单、仓单、提单出质的，质权人再转让或者质押的无效。

专家解析：

《物权法》和《担保法》都规定了汇票、支票、本票、债券、存款单、仓单、提单这些权利凭证可以出质，一般情况下，需要双方当事人签订书面的《质押合同》并交付权利凭证，但在没有权利凭证的情况下，应向有关部门进行登记，否则质权不成立。交付权利凭证的，质权自交付时生效，向有关部门登记的，质权自登记时设立。

以汇票、支票、本票出质的，应该在票据背面背书记载"质押"字样，没有"质押"字样的，质权依然设立，但不得对抗善意第三人。以公司债券出质的，也要背书记载"质押"字样，没有"质押"字样的，质权也依然设立，但不得对抗公司和第三人。

如果汇票、支票、本票、债券、存款单、仓单、提单有兑现日期或提货日期的，那么根据与主债权到期的前后顺序，质权人可以采取不同的措施：（1）权利凭证先到期，那质权人可以兑现或者提货，之后可以将兑现的价款或货物用于提前清偿债务或者提存，这个需要质权人和出质人协商决定；（2）主债权先到期，如果债务人清偿了债务，那么质权人就应该返回权利凭证，如果债务人没有清偿债务，那么质权人只能等权利凭证到期后兑现或提货了，之后才能就兑现的价款或提取的货物行使优先受偿权。

另外，根据《担保法司法解释》第 101 条的规定，票据、债券、存款单、仓单、提单出质后，质权人的转让行为或者再质押的行为是无效的。

本案例中，甲公司以承兑汇票作为质押物，应该与信用社签订书面的《质押合同》，将承兑汇票交付给信用社，并在背面背书"质押"字样。因承兑汇票先到期，信用社可以与甲公司协商将承兑所得的价款提前清偿贷款或者到提存机关提存。

15.存款单出质后,银行又受理挂失造成存款流失怎么办

案例:

2005 年 8 月,王某在银行存了 1 万块的 2 年期定期存款,银行给王某存款单一张。2006 年 5 月,王某向朋友叶某借款 5000 元,并以之前办理的 1 万元存款单作为质押。王某和叶某签订了书面的《借款合同》和《质押合同》,并到银行办理了登记,银行在审核确认后进行了登记。2007 年 8 月,王某以存单丢失为由申请挂失,补办存款单后将存款单内的钱取走,并迟迟不归还叶某的 5000 元欠款。

请问,在本案例中,叶某的损失应由谁承担?

相关法条:

《担保法司法解释》第 100 条:以存款单出质的,签发银行核押后又受理挂失并造成存款流失的,应当承担民事责任。

专家解析:

存单质押后,虽然存单交付到了质权人手里,但出质人可以通过申请挂失的方式使质权人手中的存款单失效,而自己再补办一张,并取走存款,这样就会造成质权人的损失。一般情况下,银行在核押或进行质押登记后,就不会受理出质人的挂失。但如果银行受理了出质人的挂失,并且出质人也取走了存款,那么质权人的损失是要由银行来承担的。

因此,本案例中叶某的损失应该由银行来承担。

16.基金份额、股权如何设立质押

案例：

甲公司向乙银行贷款 200 万元,乙银行要求提供担保。甲公司提出自己持有丙公司 60%的股份,市值 600 万,可以质押给乙银行。

请问,股权质押如何办理?

相关法条：

《物权法》第 226 条:以基金份额、股权出质的,当事人应当订立书面合同。以基金份额、证券登记结算机构登记的股权出质的,质权自证券登记结算机构办理出质登记时设立;以其他股权出质的,质权自工商行政管理部门办理出质登记时设立。

基金份额、股权出质后,不得转让,但经出质人与质权人协商同意的除外。出质人转让基金份额、股权所得的价款,应当向质权人提前清偿债务或者提存。

《担保法》第 78 条:以依法可以转让的股票出质的,出质人与质权人应当订立书面合同,并向证券登记机构办理出质登记。质押合同自登记之日起生效。

股票出质后, 不得转让, 但经出质人与质权人协商同意的可以转让。出质人转让股票所得的价款应当向质权人提前清偿所担保的债权或者向与质权人约定的第三人提存。

以有限责任公司的股份出质的,适用公司法股份转让的有关规定。质押合同自股份出质记载于股东名册之日起生效。

《担保法司法解释》第 103 条:股份有限公司的股份出质的,适用《中华人民共和国公司法》有关股份转让的规定。

以上市公司的股份出质的,质押合同自股份出质向证券登记机构办理出质登记之日起生效。

以非上市公司的股份出质的,质押合同自股份出质记载于股东名册之日起生效。

《担保法司法解释》第 104 条:以依法可以转让的股份、股票出质的,质权的效力及于股份、股票的法定孳息。

专家解析:

根据《物权法》的规定,基金份额和股权都是可以出质的,除了签订书面的《质押合同》外,还应办理登记。以基金份额、证券登记结算机构登记的股权出质的,登记机关为证券登记结算机构,其他股权出质的,登记机关为工商行政管理部门。

基金份额、股权出质后,如果出质人要转让,就必须经过质权人的同意,转让所得的价款,应用于提前清偿债务或提存。

17.知识产权中的财产权如何设立质押

案例:

小张高中毕业后就继承父亲的家业经营卤肉店,在小张的苦心研究下,卤肉越做越好,小张的卤肉店"张记美味"名气也越来越大,小张向商标局申请了商标。为了扩大经营,小张向信用社贷款 20 万元,除了以自己的房子提供抵押外,小张还提供"张记美味"这一商标权作为质押。

请问,商标权质押应如何办理登记?

相关法条：

《物权法》第 227 条：以注册商标专用权、专利权、著作权等知识产权中的财产权出质的,当事人应当订立书面合同。质权自有关主管部门办理出质登记时设立。

知识产权中的财产权出质后,出质人不得转让或者许可他人使用,但经出质人与质权人协商同意的除外。出质人转让或者许可他人使用出质的知识产权中的财产权所得的价款,应当向质权人提前清偿债务或者提存。

《担保法》第 79 条：以依法可以转让的商标专用权,专利权、著作权中的财产权出质的,出质人与质权人应当订立书面合同,并向其管理部门办理出质登记。质押合同自登记之日起生效。

《商标专用权质押登记程序》第 2 条：商标专用权质押登记机关是国家工商行政管理局。国家工商行政管理局商标局具体办理商标专用权质押登记。

《著作权质押合同登记办法》第 4 条：国家版权局是著作权质押合同登记的管理机关。国家版权局指定专门机构进行著作权质押合同登记。

《专利权质押合同登记管理暂行办法》第 2 条：中国专利局是专利权质押合同登记的管理部门。

专家解析：

根据《物权法》第 227 条和《担保法》第 79 条的规定,注册商标专用权、专利权、著作权中财产权是可以用于质押的,并且应该办理质押登记,登记机关分别为商标局、版权局和专利局,具体的登记办法应以登记机关的要求为准。这些权利出质后,如果出质人要转让或许可其他人

使用,就必须经过质权人的同意,转让或许可使用所得的价款,应用于提前清偿债务或提存。

 ## 18.应收账款如何设立质押

❀ ❀ ❀

案例:

甲公司向乙银行贷款50万,以其一套商铺作为抵押担保,该套商铺已经租给丁某开商店,年租金8万元,银行要求甲公司将该套商铺的租金收入也作为担保,双方签订了书面的《贷款合同》、《抵押合同》、《应收账款质押合同》,因为权利质押还需要交付或登记,否则质权不成立。

请问,应收账款应如何办理质押登记?

相关法条:

《物权法》第228条:以应收账款出质的,当事人应当订立书面合同。质权自信贷征信机构办理出质登记时设立。

应收账款出质后,不得转让,但经出质人与质权人协商同意的除外。出质人转让应收账款所得的价款,应当向质权人提前清偿债务或者提存。

《应收账款质押登记办法》第2条:中国人民银行征信中心(以下简称征信中心)是应收账款质押的登记机构。

征信中心建立应收账款质押登记公示系统(以下简称登记公示系统),办理应收账款质押登记,并为社会公众提供查询服务。

《应收账款质押登记办法》第7条:应收账款质押登记由质权人办理。

质权人也可以委托他人办理登记。委托他人办理登记的,适用本办法关于质权人办理登记的规定。

《应收账款质押登记办法》第9条:质权人办理应收账款质押登记时,应注册为登记公示系统的用户。

《应收账款质押登记办法》第10条:登记内容包括质权人和出质人的基本信息、应收账款的描述、登记期限。质权人应将本办法第八条规定的协议作为登记附件提交登记公示系统。

出质人或质权人为单位的,应填写单位的法定注册名称、注册地址、法定代表人或负责人姓名、组织机构代码或金融机构代码、工商注册码等。

出质人或质权人为个人的,应填写有效身份证件号码、有效身份证件载明的地址等信息。

质权人可以与出质人约定将主债权金额等项目作为登记内容。

《应收账款质押登记办法》第12条:质权人自行确定登记期限,登记期限以年计算,最长不得超过5年。登记期限届满,质押登记失效。

《应收账款质押登记办法》第13条:在登记期限届满前90日内,质权人可以申请展期。

质权人可以多次展期,每次展期期限不得超过5年。

专家解析:

根据《物权法》第228条的规定,应收账款应当到信贷征信机构办理出质登记。应收账款出质后,如果质权人同意出质人转让的,出质人才可以转让,而且转让后的价款要用于提前清偿债务或提存。

中国人民银行制定的《应收账款质押登记办法》对具体的登记规范作出了规定:应收账款登记需要质权人在中国人民银行的征信中心办理,登入征信中心的系统后,质权人需要注册,按照系统的要求填写相关资料、信息。一次登记的最长有效期为5年,可以申请展期。

第五章 留 置

1.什么是留置

案例：

甲租赁乙商场的场地经销某品牌家具,在租赁合同中,约定按季度交付租金,如不能按期交付,乙商场可对甲的等值财产予以留置。后甲因经营资金周转困难,向丙借款60万元,到期未偿还,遂出具书面意见,同意将商场内所有财产顶账给丙,用于偿还部分欠款,并让丙继续经营。乙商场因甲欠其两个月的租金,行使留置权,使财产未能移交给丙,而甲因负债累累潜逃。丙遂向法院提起财产保全申请,对商场内家具进行了查封。后乙商场以对该查封财产享有留置权提出异议,请求法院解除对其留置物的查封。

请问：法院能否对该留置物采取财产保全措施?

相关法条：

《物权法》第230条:因保管合同、运输合同、加工承揽合同发生的债权,债务人不履行债务的,债权人有留置权。前款规定的债权人为留置权人,占有的动产为留置财产。

《物权法》第231条:债权人留置的动产,应当与债权属于同一法律关系,但企业之间留置的除外。

《物权法》第 232 条:法律规定或者当事人约定不得留置的动产,不得留置。

《担保法》第 82 条:本法所称留置,是指依照本法第 84 条的规定,债权人按照合同约定占有债务人的动产,债务人不按照合同约定的期限履行债务的,债权人有权依照本法规定留置该财产,以该财产折价或者以拍卖、变卖该财产的价款优先受偿。

《担保法》第 84 条:因保管合同、运输合同、加工承揽合同发生的债权,债务人不履行债务的,债权人有留置权。

专家解析:

一种意见认为,法院不能对该商场留置的家具采取保全措施;第二种意见认为,法院可以对该商场留置的家具采取保全措施,但商场对留置物享有优先受偿权;第三种意见认为,法院可以对该商场留置的家具采取保全措施,商场对家具并不享有留置权,对家具不能优先受偿。

持第一种意见者认为,该商场依约定已对商场内家具行使了留置权,法院采取保全措施侵犯了其可期待实现的利益。因此,对该留置的财产,法院不能进行保全。

持第二、第三种意见者认为,根据《最高人民法院关于适用〈中华人民共和国民事诉讼法〉若干问题的意见》第 102 条之规定,人民法院对抵押物、留置物可以采取财产保全措施,但抵押权人、留置权人有优先受偿权。由于财产保全的紧急性,人民法院在采取保全措施中对案外人提出的享有抵押权或者留置权的主张是否成立一时无法查清。而法院对抵押物、留置物采取保全措施后,可以对抵押、留置是否能够成立进行审查。《最高人民法院关于人民法院民事执行中查封、扣押、冻结财产的规定》第 13 条也规定了"查封、扣押、冻结担保物权人占有的担保财产,一般应当指定该担保物权人作为保管人;该财产由人民法院保管

的,质权、留置权不因转移占有而消灭。"这进一步说明,法院的财产保全措施并不影响抵押权、留置权的实现。所以,留置权不能对抗法院的财产保全,但留置权人对享有留置权的财产享有优先受偿的权利。

笔者赞同第三种意见,理由如下:《担保法》第82条中规定了"债务人不按照合同约定的期限履行债务的,债权人有权依照本法规定留置该财产。"但同时规定,该财产须为债权人按照合同约定占有的债务人的动产。该法第84条又规定了"因保管合同、运输合同、加工承揽合同发生的债权,债务人不履行债务的,债权人有留置权。"这就是说,目前我国担保法采取的是所谓的法定留置原则,一方面,留置权须为依约占有,只能适用于"债权人按照合同约定占有债务人的动产"的情形;另一方面,合同债权人可以留置债务人的动产只有该法规定的上述三大类合同。而根据合同法的规定,仓储合同可适用保管合同的规定;行纪合同中行纪人占有委托物的,应当妥善保管委托物,适用保管合同的规定。这样,我国的留置权只适用于五类合同债权的担保,即只有在因保管合同、运输合同、加工承揽合同、仓储合同、行纪合同中发生债务人不履行债务的,债权人才享有留置权。除此之外,其他债权关系中的债权人都不享有留置权。

 ## 2.债权人是否有权留置价值大于债权数额的财产

案例:

甲公司有一批价值200万的货物要从总部发往外地分公司,故找到托运公司乙公司。双方约定,托运费为10万元,由甲公司承担。乙公司将货物运到甲公司的外地分公司,在交付前要求甲公司支付此次托运费。但甲公司因资金周转不灵,一直不支付运费。因此,乙公司将这批货物留置。甲公司多次要求乙公司归还,乙公司都拒绝,除非其先支付运费。

请问:乙公司的行为合法吗?

相关法条:

《物权法》第233条:留置财产为可分物的,留置财产的价值应当相当于债务的金额。

《担保法》第85条:留置的财产为可分物的,留置物的价值应当相当于债务的金额。

专家解析:

乙公司的行为不合法。在本案中,根据《担保法》第84条:因保管合同、运输合同、加工承揽合同发生的债权,债务人不履行债务的,债权人有留置权。甲公司未按照合同之约定支付运费,作为承运人的乙公司拥有留置权。但根据《物权法》第233条之规定,乙公司只拥有相当于债务金额即10万元的货物的留置权,对超出该债务的货物并无留置权。故乙公司不能留置全部货物,其行为是不合法的。

 3.债权人在保管留置物过程中应注意的问题

案例:

小王请小张保管一辆自行车,同时约定了保管费用。保管期满后,小王未支付费用。故嚣张将该自行车留置。在这段留置期间,小张随意将自行车放在自家后院,任风吹雨打,致使自行车严重生锈而不能使用。现小王要求小张承担该自行车的维修费用,小张拒绝,并要求其支付保管费用。

请问:小王的请求是否可以支持?

相关法条:

《物权法》第234条:留置权人负有妥善保管留置财产的义务;因保管不善致使留置财产毁损、灭失的,应当承担赔偿责任。

《物权法》第235条:留置权人有权收取留置财产的孳息。前款规定的孳息应当先充抵收取孳息的费用。

《担保法》第86条:留置权人负有妥善保管留置物的义务。因保管不善致使留置物灭失或者毁损的,留置权人应当承担民事责任。

专家解析:

小王的请求可以支持。小王未支付费用,作为保管人的小张拥有该自行车的留置权。但留置权人负有妥善保管留置财产的义务,小张在保管过程中,没有尽到妥善保管义务,致使自行车毁损。根据《物权法》第234条之规定,留置权人应当赔偿义务。所以小王的请求可以支持。

 ## 4.债权人留置财产后,是否可以立即处理留置财产

案例:

为迎接六一儿童节,大地公司急需一批玩具,故找到专门生产儿童玩具的童心玩具厂。大地公司将此次所需玩具的品种、规格、数量等以书面形式告知玩具厂,并要求其在5月25日前全部提供。玩具厂根据要求,在5月23日全部生产完毕,并通知大地公司付款并接收货物。但

大地公司迟迟没有答复,也不派人取货付款。眼见六一来临,该玩具厂不想错失时机,就擅自将该批玩具出售。

请问:该玩具厂的行为是否合理?

相关法条:

《物权法》第 236 条:留置权人与债务人应当约定留置财产后的债务履行期间;没有约定或者约定不明确的,留置权人应当给债务人两个月以上履行债务的期间,但鲜活易腐等不易保管的动产除外。债务人逾期未履行的,留置权人可以与债务人协议以留置财产折价,也可以就拍卖、变卖留置财产所得的价款优先受偿。留置财产折价或者变卖的,应当参照市场价格。

《物权法》第 237 条:债务人可以请求留置权人在债务履行期届满后行使留置权;留置权人不行使的,债务人可以请求人民法院拍卖、变卖留置财产。

《担保法》第 87 条:债权人与债务人应当在合同中约定,债权人留置财产后,债务人应当在不少于两个月的期限内履行债务。债权人与债务人在合同中未约定的,债权人留置债务人财产后,应当确定两个月以上的期限,通知债务人在该期限内履行债务。

专家解析:

该玩具厂的行为不合理。在本案中,大地公司未根据合同规定,履行付款义务,故玩具厂拥有对此货物的留置权。根据《担保法》第 87 条之规定,债权人与债务人在合同中未约定的,债权人留置债务人财产后,应当确定两个月以上的期限,通知债务人在该期限内履行债务。作为债务人的大地公司与作为债权人的玩具厂并未约定留置货物后的债务履行期间,故玩具厂应确定两个月以上的期限,通知大地公司在该期限内履行付款义务。而玩具厂并没有通知大地公司,也没给予其付款期限,擅自处置了货物,这就侵犯了大地公司的利益。所以,该玩具厂的行

为不合理。

 ## 5 处理留置财产后仍不能清偿全部债务怎么办

案例：

2012 年 9 月 1 日,某大学与某制衣公司签订了一份承揽合同。合同规定:"(1)由制衣公司为该大学学生加工校服 1200 套,平均每套支付加工费 50 元,共计 6 万元;(2)学校负责提供所需面料、服装型号、规格;(3)承揽合同人制衣公司应在 10 月 1 日前完成加工任务;(4)定做人某大学应在接到加工完成工作通知后,五天内付款提货。"9 月 25 日,制衣公司完成加工任务,并通知定做人领取所定做的校服。校方与制衣公司协商:由于许多学生无力负担,学校也拿不出钱,是否先提货。结果至第二年 5 月,学校仍然未领取服装。制衣公司于 5 月 25 日,将服装卖给几个服装店,得款 4 万元,同时要求校方支付剩余 2 万元。校方以合同中没约定制衣公司可以变卖服装为由,拒绝支付余款,并向人民法院提起诉讼要求制衣公司追回服装,再由其付款后领取。制衣公司提出反诉,要求校方支付余款。

请问:法院是否应支持哪一方的诉讼请求?

相关法条：

《物权法》第 238 条:留置财产折价或者拍卖、变卖后,其价款超过债权数额的部分归债务人所有,不足部分由债务人清偿。

专家解析：

法院应支持制衣公司的诉讼请求。定做人获得承揽人的工作成果,应当及时向承揽人支付价款。根据《合同法》第二百六十四条的规定,定做人尚未向承揽人支付报酬或者材料费等价款的, 承揽人对完成的工作成果享有留置权。同时根据《担保法》第87条:债权人与债务人应当在合同中约定,债权人留置财产后,债务人应当在不少于两个月的期限内履行债务。债权人与债务人在合同中未约定的,债权人留置债务人财产后,应当确定两个月以上的期限,通知债务人在该期限内履行债务。在本案中,定做人某大学超过领取期限没有领取校服,也未支付报酬,故制衣公司有权留置该批校服,同时有权将之变卖。再根据《物权法》第238条:留置财产折价或者拍卖、变卖后,其价款超过债权数额的部分归债务人所有,不足部分由债务人清偿。制衣公司所得款项只要4万,不足部分应由定做人即该大学承担。所以法院应支持制衣公司的诉讼请求。

第六章 定 金

 1.什么是定金罚则

案例：

2010 年 4 月 7 日，王某与赵某签订了一份《房屋买卖合同意向书》，合同约定，王某将其所有的位于某小区的一栋房产出售给赵某，转让总房价款为 135 万元人民币，双方应于 2010 年 4 月 15 日签订正式的买卖合同。签订意向书当日，赵某向王某支付订金人民币 5 万元，若因当事人一方原因无法签订正式合同的，由违约一方当事人承担相应责任。2010 年 4 月 15 日，王某因想将房屋卖给他人，而拒不与赵某签订正式合同，后赵某根据合同约定，将王某起诉至当地法院，要求王某按照定金罚则双倍返还定金。

请问：赵某的诉求能否得到法院的支持？

相关法条：

《担保法》第 89 条：当事人可以约定一方向对方给付定金作为债权的担保。债务人履行债务后，定金应当抵作价款或者收回。给付定金的一方不履行约定的债务的，无权要求返还定金；收受定金的一方不履行约定的债务的，应当双倍返还定金。

《担保法司法解释》第115条：当事人约定以交付定金作为订立主合同担保的，给付定金的一方拒绝订立主合同的，无权要求返还定金；收受定金的一方拒绝订立合同的，应当双倍返还定金。

《担保法司法解释》第118条：当事人交付留置金、担保金、保证金、订约金、押金或者定金等，但没有约定定金性质的，当事人主张定金权利的，人民法院不予支持。

《担保法司法解释》第120条：因当事人一方迟延履行或者其他违约行为，致使合同目的不能实现，可以适用定金罚则。但法律另有规定或者当事人另有约定的除外。当事人一方不完全履行合同的，应当按照未履行部分所占合同约定内容的比例，适用定金罚则。、

《担保法司法解释》第122条：因不可抗力、意外事件致使主合同不能履行的，不适用定金罚则。因合同关系以外第三人的过错，致使主合同不能履行的，适用定金罚则。受定金处罚的一方当事人，可以依法向第三人追偿。

专家解析：

本案中，赵某的诉讼请求不能被法院支持。原因在于，赵某和王某设定的"订金"非担保法意义上的"定金"，订金与定金虽一字之差，但二者的法律效果是有很大差别的。明确约定为"定金"的，可以适用定金罚则，能对主债权起到担保作用，当支付定金的一方违约时，不能收回定金，当收受定金的一方违约时，应双倍返还定金。而若明确约定为"订金"的，则不能适用定金罚则，而且订金本身也并非法律意义上的术语，一旦一方当事人出现违约情形的，给付订金的一方有权收回，收受订金的一方无需双倍返还，不能起到对债的担保作用。

因此，赵某可以要求王某返还5万元，而不能要求王某按照定金罚则双倍返还定金。

2.能否约定以交付定金作为主合同的成立或生效要件

案例：

小丁和小孙一直有生意往来。2013年1月10日，两人签订货物买卖合同一份，双方约定：小丁向小孙提供一批货物，共10吨，总价值为30万元，在2013年2月6日前发完。双方还约定，小孙向小丁支付定金之日起该合同成立。后来，小孙由于资金紧张一直没支付定金。小丁基于朋友关系，一直发货，到2013年2月5日，共已发货8吨。然而剩余2吨货物，小丁一直不发。小孙多次催促，他都拒绝发货。无奈之下，小孙起诉小丁，要求其继续履行合同义务。小丁辩称，小孙并未交付定金，该合同并未成立。

请问：小丁与小孙之间的合同是否成立？

相关法条：

《担保法司法解释》第116条：当事人约定以交付定金作为主合同成立或者生效要件的，给付定金的一方未支付定金，但主合同已经履行或者已经履行主要部分的，不影响主合同的成立或者生效。

专家解析：

本案中，小丁与小孙之间的合同成立。定金的约定，是对主债权起到担保的作用，而不能直接影响到主债权的成立或生效。小孙虽没有按合同规定支付定金，但该合同已经履行了主要部分。根据担保法司法解释之规定，该合同是成立的。小丁不能以该合同不成立作为理由不履行合同规定的义务。

3.定金合同的要求和生效时间

案例：

2011年5月1日，张某和陈某签订一份电脑买卖合同，双方约定：张某向陈某提供一批电脑，总价值为50万元，该合同签订之日陈某先支付定金10万，余款货到付款，张某于5月20日前发货。由于陈某资金紧张，故未在当天支付。2011年5月10日，陈某将定金10万汇入张某账户，张某未表示异议。但截至5月25日，张某仍未发货。陈某多次催促，均遭拒绝。故陈某向法院提起诉讼，要求张某返还双倍定金。

请问，陈某的诉求法院能否支持？

相关法条：

《担保法》第90条：定金应当以书面形式约定。当事人在定金合同中应当约定交付定金的期限。定金合同从实际交付定金之日起生效。

专家解析：

在本案中，陈某于2011年5月10日才实际交付定金，并未按照合同约定的时间支付。根据《担保法》第90条之规定，定金合同从实际交付定金之日起生效。故定金合同于2011年5月10日正式生效。陈某已支付定金，而张某未按合同约定发货，构成违约。《担保法司法解释》第120条：因当事人一方迟延履行或者其他违约行为，致使合同目的不能实现，可以适用定金罚则。张某行为适用定金罚则，因返还陈某双倍定金。

4.实际交付的定金数额与合同约定不一致怎么处理

案例：

小李与小王签订一份荔枝购销合同，约定：小李向小王提供荔枝20万公斤，货款共计200万元，付款方式为小王先支付定金40万元，余款货到付款。其后，小王仅向小李支付定金20万元，小李未表示异议，但于约定期间仅向小王发货10万公斤荔枝。小王多次请求小李交付另外10万公斤荔枝，遭到拒绝，遂要求小李双倍返还定金40万元。但小李称，是小王只支付了20万元，违约在先。

请问，小王部分支付约定定金的行为是否构成违约？该定金合同成立吗？

相关法条：

《担保法司法解释》第119条：实际交付的定金数额多于或者少于约定数额，视为变更定金合同；收受定金一方提出异议并拒绝接受定金的，定金合同不生效。

专家解析：

违约以合同的有效成立为前提，所以判断小王的行为是否构成违约，首先要看定金合同成立与否。

定金合同的成立分一般要件和特殊要件。一般要件是从定金合同作为合同层面上而言的，其成立须满足一般合同成立条件，包括订立定金合同双方当事人适格，双方对定金条款达成合意并经过要约和承诺阶段。而特殊要件则是基于定金合同的从合同的性质和保护当事人利益的考虑而产生：一、主合同的有效成立。定金合同为担保主合同而设计,其命运自然受制于主合同,主合同未成立或不生效,当事人即使就定金已达成协议,定金合同也不能成立。二、定金的数额不能超过法定限额。依据我国担保法第91条规定,定金的数额由当事人约定,但不得超过主合同标的额的２０％。三、定金的实际交付,定金合同为实践性合同,对此我国担保法第九十条明文规定："定金合同从实际交付定金之日起生效。"

在本案中,当事人之间尽管已有定金的约定,但于小王实际如约支付定金前,定金合同并未成立生效。支付定金的行为,性质上为定金合同成立之前提,而非定金合同之履行。于未成立之合同,自不发生违约的问题。所以小王的行为并不构成违约。

但小王的行为非不产生其他法律效果。事实上,小王部分支付约定定金的行为是向小李发出的一项新的要约,小李可拒绝承诺,使定金合同不成立;但一经小李的承诺,定金合同将于乙支付的数额上成立。要强调的是,这里小李的承诺表示即使默示亦可成立,小李拒绝承诺则须向小王明示。本案中,小王向小李支付定金２０万元,小李既未表示异议,也未拒绝接受,所以就小王支付的２０万元,定金合同成立。

 ## 5.法律对定金的数额限制

案例：

甲公司与乙公司于 2007 年 10 月签订一买卖钢材的合同, 总价值 13 万元,并约定甲公司于 2007 年 12 月前交付货物,乙公司向甲公司支付了 2.5 万元的定金。合同签订后,钢材价格急剧上涨,甲公司受利益驱动,虽经乙公司多次催促,直至合同履行期满仍未交货。于是,乙公司要求甲公司返还定金。

请问,甲公司和乙公司约定的定金是否有效?

相关法条:

《担保法》第91条:定金的数额由当事人约定,但不得超过主合同标的额的百分之二十。

《担保法司法解释》第121条:当事人约定的定金数额超过主合同标的额百分之二十的,超过的部分,人民法院不予支持。

专家解析:

甲、乙两公司约定的定金2.5万元合法有效。根据我国《担保法》的有关规定,当事人可以约定一方向对方给付定金作为债权的担保,定金的数量由当事人约定,但不得超过主合同标的总额的20%。在本案中,甲、乙两公司在签订买卖钢材的合同中约定定金作为担保,且约定定金的金额为2.5万元,未超过主合同标的13万元的20%,故合法有效。

附录1：

中华人民共和国物权法（节录）

第四编　担保物权

第十五章　一般规定

第一百七十条　担保物权人在债务人不履行到期债务或者发生当事人约定的实现担保物权的情形，依法享有就担保财产优先受偿的权利，但法律另有规定的除外。

第一百七十一条　债权人在借贷、买卖等民事活动中，为保障实现其债权，需要担保的，可以依照本法和其他法律的规定设立担保物权。

第三人为债务人向债权人提供担保的，可以要求债务人提供反担保。反担保适用本法和其他法律的规定。

第一百七十二条　设立担保物权，应当依照本法和其他法律的规定订立担保合同。担保合同是主债权债务合同的从合同。主债权债务合同无效，担保合同无效，但法律另有规定的除外。

担保合同被确认无效后，债务人、担保人、债权人有过错的，应当根据其过错各自承担相应的民事责任。

第一百七十三条　担保物权的担保范围包括主债权及其利息、违约金、损害赔偿金、保管担保财产和实现担保物权的费用。当事人另有约定的，按照约定。

第一百七十四条　担保期间，担保财产毁损、灭失或者被征收等，担保物权人可以就获得的保险金、赔偿金或者补偿金等优先受偿。被担保债权的履行期未届满的,也可以提存该保险金、赔偿金或者补偿金等。

第一百七十五条 第三人提供担保,未经其书面同意,债权人允许债务人转移全部或者部分债务的,担保人不再承担相应的担保责任。

第一百七十六条 被担保的债权既有物的担保又有人的担保的,债务人不履行到期债务或者发生当事人约定的实现担保物权的情形,债权人应当按照约定实现债权;没有约定或者约定不明确,债务人自己提供物的担保的,债权人应当先就该物的担保实现债权;第三人提供物的担保的,债权人可以就物的担保实现债权,也可以要求保证人承担保证责任。提供担保的第三人承担担保责任后,有权向债务人追偿。

第一百七十七条 有下列情形之一的,担保物权消灭:

(一)主债权消灭;

(二)担保物权实现;

(三)债权人放弃担保物权;

(四)法律规定担保物权消灭的其他情形。

第一百七十八条 担保法与本法的规定不一致的,适用本法。

第十六章 抵押权

第一节 一般抵押权

第一百七十九条 为担保债务的履行,债务人或者第三人不转移财产的占有,将该财产抵押给债权人的,债务人不履行到期债务或者发生当事人约定的实现抵押权的情形,债权人有权就该财产优先受偿。

前款规定的债务人或者第三人为抵押人,债权人为抵押权人,提供担保的财产为抵押财产。

第一百八十条 债务人或者第三人有权处分的下列财产可以抵押:

(一)建筑物和其他土地附着物;

(二)建设用地使用权;

（三）以招标、拍卖、公开协商等方式取得的荒地等土地承包经营权；

（四）生产设备、原材料、半成品、产品；

（五）正在建造的建筑物、船舶、航空器；

（六）交通运输工具；

（七）法律、行政法规未禁止抵押的其他财产。

抵押人可以将前款所列财产一并抵押。

第一百八十一条 经当事人书面协议，企业、个体工商户、农业生产经营者可以将现有的以及将有的生产设备、原材料、半成品、产品抵押，债务人不履行到期债务或者发生当事人约定的实现抵押权的情形，债权人有权就实现抵押权时的动产优先受偿。

第一百八十二条 以建筑物抵押的，该建筑物占用范围内的建设用地使用权一并抵押。以建设用地使用权抵押的，该土地上的建筑物一并抵押。

抵押人未依照前款规定一并抵押的，未抵押的财产视为一并抵押。

第一百八十三条 乡镇、村企业的建设用地使用权不得单独抵押。以乡镇、村企业的厂房等建筑物抵押的，其占用范围内的建设用地使用权一并抵押。

第一百八十四条 下列财产不得抵押：

（一）土地所有权；

（二）耕地、宅基地、自留地、自留山等集体所有的土地使用权，但法律规定可以抵押的除外；

（三）学校、幼儿园、医院等以公益为目的的事业单位、社会团体的教育设施、医疗卫生设施和其他社会公益设施；

（四）所有权、使用权不明或者有争议的财产；

（五）依法被查封、扣押、监管的财产；

（六）法律、行政法规规定不得抵押的其他财产。

第一百八十五条 设立抵押权，当事人应当采取书面形式订立抵押合同。

抵押合同一般包括下列条款：

(一)被担保债权的种类和数额；

(二)债务人履行债务的期限；

(三)抵押财产的名称、数量、质量、状况、所在地、所有权归属或者使用权归属；

(四)担保的范围。

第一百八十六条 抵押权人在债务履行期届满前，不得与抵押人约定债务人不履行到期债务时抵押财产归债权人所有。

第一百八十七条 以本法第一百八十条第一款第一项至第三项规定的财产或者第五项规定的正在建造的建筑物抵押的，应当办理抵押登记。抵押权自登记时设立。

第一百八十八条 以本法第一百八十条第一款第四项、第六项规定的财产或者第五项规定的正在建造的船舶、航空器抵押的，抵押权自抵押合同生效时设立；未经登记，不得对抗善意第三人。

第一百八十九条 企业、个体工商户、农业生产经营者以本法第一百八十一条规定的动产抵押的，应当向抵押人住所地的工商行政管理部门办理登记。抵押权自抵押合同生效时设立；未经登记，不得对抗善意第三人。

依照本法第一百八十一条规定抵押的，不得对抗正常经营活动中已支付合理价款并取得抵押财产的买受人。

第一百九十条 订立抵押合同前抵押财产已出租的，原租赁关系不受该抵押权的影响。抵押权设立后抵押财产出租的，该租赁关系不得对抗已登记的抵押权。

第一百九十一条 抵押期间，抵押人经抵押权人同意转让抵押财产的，应当将转让所得的价款向抵押权人提前清偿债务或者提存。转让的价款超过债权数额的部分归抵押人所有，不足部分由债务人清偿。

抵押期间，抵押人未经抵押权人同意，不得转让抵押财产，但受让人代为清偿债务消灭抵押权的除外。

第一百九十二条 抵押权不得与债权分离而单独转让或者作为其

他债权的担保。债权转让的,担保该债权的抵押权一并转让,但法律另有规定或者当事人另有约定的除外。

第一百九十三条 抵押人的行为足以使抵押财产价值减少的,抵押权人有权要求抵押人停止其行为。抵押财产价值减少的,抵押权人有权要求恢复抵押财产的价值,或者提供与减少的价值相应的担保。抵押人不恢复抵押财产的价值也不提供担保的,抵押权人有权要求债务人提前清偿债务。

第一百九十四条 抵押权人可以放弃抵押权或者抵押权的顺位。抵押权人与抵押人可以协议变更抵押权顺位以及被担保的债权数额等内容,但抵押权的变更,未经其他抵押权人书面同意,不得对其他抵押权人产生不利影响。

债务人以自己的财产设定抵押,抵押权人放弃该抵押权、抵押权顺位或者变更抵押权的,其他担保人在抵押权人丧失优先受偿权益的范围内免除担保责任,但其他担保人承诺仍然提供担保的除外。

第一百九十五条 债务人不履行到期债务或者发生当事人约定的实现抵押权的情形,抵押权人可以与抵押人协议以抵押财产折价或者以拍卖、变卖该抵押财产所得的价款优先受偿。协议损害其他债权人利益的,其他债权人可以在知道或者应当知道撤销事由之日起一年内请求人民法院撤销该协议。

抵押权人与抵押人未就抵押权实现方式达成协议的,抵押权人可以请求人民法院拍卖、变卖抵押财产。

抵押财产折价或者变卖的,应当参照市场价格。

第一百九十六条 依照本法第一百八十一条规定设定抵押的,抵押财产自下列情形之一发生时确定:

(一)债务履行期届满,债权未实现;
(二)抵押人被宣告破产或者被撤销;
(三)当事人约定的实现抵押权的情形;
(四)严重影响债权实现的其他情形。

第一百九十七条 债务人不履行到期债务或者发生当事人约定的

实现抵押权的情形,致使抵押财产被人民法院依法扣押的,自扣押之日起抵押权人有权收取该抵押财产的天然孳息或者法定孳息,但抵押权人未通知应当清偿法定孳息的义务人的除外。

前款规定的孳息应当先充抵收取孳息的费用。

第一百九十八条 抵押财产折价或者拍卖、变卖后,其价款超过债权数额的部分归抵押人所有,不足部分由债务人清偿。

第一百九十九条 同一财产向两个以上债权人抵押的,拍卖、变卖抵押财产所得的价款依照下列规定清偿:

(一)抵押权已登记的,按照登记的先后顺序清偿;顺序相同的,按照债权比例清偿;

(二)抵押权已登记的先于未登记的受偿;

(三)抵押权未登记的,按照债权比例清偿。

第二百条 建设用地使用权抵押后,该土地上新增的建筑物不属于抵押财产。该建设用地使用权实现抵押权时,应当将该土地上新增的建筑物与建设用地使用权一并处分,但新增建筑物所得的价款,抵押权人无权优先受偿。

第二百零一条 依照本法第一百八十条第一款第三项规定的土地承包经营权抵押的,或者依照本法第一百八十三条规定以乡镇、村企业的厂房等建筑物占用范围内的建设用地使用权一并抵押的,实现抵押权后,未经法定程序,不得改变土地所有权的性质和土地用途。

第二百零二条 抵押权人应当在主债权诉讼时效期间行使抵押权;未行使的,人民法院不予保护。

第二节 最高额抵押权

第二百零三条 为担保债务的履行,债务人或者第三人对一定期间内将要连续发生的债权提供担保财产的,债务人不履行到期债务或者发生当事人约定的实现抵押权的情形,抵押权人有权在最高债权额限度内就该担保财产优先受偿。

最高额抵押权设立前已经存在的债权,经当事人同意,可以转入最高额抵押担保的债权范围。

　　第二百零四条 最高额抵押担保的债权确定前，部分债权转让的，最高额抵押权不得转让，但当事人另有约定的除外。

　　第二百零五条 最高额抵押担保的债权确定前，抵押权人与抵押人可以通过协议变更债权确定的期间、债权范围以及最高债权额，但变更的内容不得对其他抵押权人产生不利影响。

　　第二百零六条 有下列情形之一的，抵押权人的债权确定：

　　（一）约定的债权确定期间届满；

　　（二）没有约定债权确定期间或者约定不明确，抵押权人或者抵押人自最高额抵押权设立之日起满二年后请求确定债权；

　　（三）新的债权不可能发生；

　　（四）抵押财产被查封、扣押；

　　（五）债务人、抵押人被宣告破产或者被撤销；

　　（六）法律规定债权确定的其他情形。

　　第二百零七条 最高额抵押权除适用本节规定外，适用本章第一节一般抵押权的规定。

第十七章 质　权

第一节 动产质权

　　第二百零八条 为担保债务的履行，债务人或者第三人将其动产出质给债权人占有的，债务人不履行到期债务或者发生当事人约定的实现质权的情形，债权人有权就该动产优先受偿。

　　前款规定的债务人或者第三人为出质人，债权人为质权人，交付的动产为质押财产。

　　第二百零九条 法律、行政法规禁止转让的动产不得出质。

　　第二百一十条 设立质权，当事人应当采取书面形式订立质权合同。

质权合同一般包括下列条款：

(一)被担保债权的种类和数额；

(二)债务人履行债务的期限；

(三)质押财产的名称、数量、质量、状况；

(四)担保的范围；

(五)质押财产交付的时间。

第二百一十一条 质权人在债务履行期届满前，不得与出质人约定债务人不履行到期债务时质押财产归债权人所有。

第二百一十二条 质权自出质人交付质押财产时设立。

第二百一十三条 质权人有权收取质押财产的孳息，但合同另有约定的除外。

前款规定的孳息应当先充抵收取孳息的费用。

第二百一十四条 质权人在质权存续期间，未经出质人同意，擅自使用、处分质押财产，给出质人造成损害的，应当承担赔偿责任。

第二百一十五条 质权人负有妥善保管质押财产的义务；因保管不善致使质押财产毁损、灭失的，应当承担赔偿责任。

质权人的行为可能使质押财产毁损、灭失的，出质人可以要求质权人将质押财产提存，或者要求提前清偿债务并返还质押财产。

第二百一十六条 因不能归责于质权人的事由可能使质押财产毁损或者价值明显减少，足以危害质权人权利的，质权人有权要求出质人提供相应的担保；出质人不提供的，质权人可以拍卖、变卖质押财产，并与出质人通过协议将拍卖、变卖所得的价款提前清偿债务或者提存。

第二百一十七条 质权人在质权存续期间，未经出质人同意转质，造成质押财产毁损、灭失的，应当向出质人承担赔偿责任。

第二百一十八条 质权人可以放弃质权。债务人以自己的财产出质，质权人放弃该质权的，其他担保人在质权人丧失优先受偿权益的范围内免除担保责任，但其他担保人承诺仍然提供担保的除外。

第二百一十九条 债务人履行债务或者出质人提前清偿所担保的债权的，质权人应当返还质押财产。

债务人不履行到期债务或者发生当事人约定的实现质权的情形，质权人可以与出质人协议以质押财产折价，也可以就拍卖、变卖质押财产所得的价款优先受偿。

质押财产折价或者变卖的，应当参照市场价格。

第二百二十条 出质人可以请求质权人在债务履行期届满后及时行使质权；质权人不行使的，出质人可以请求人民法院拍卖、变卖质押财产。

出质人请求质权人及时行使质权，因质权人怠于行使权力造成损害的，由质权人承担赔偿责任。

第二百二十一条 质押财产折价或者拍卖、变卖后，其价款超过债权数额的部分归出质人所有，不足部分由债务人清偿。

第二百二十二条 出质人与质权人可以协议设立最高额质权。

最高额质权除适用本节有关规定外，参照本法第十六章第二节最高额抵押权的规定。

第二节 权利质权

第二百二十三条 债务人或者第三人有权处分的下列权利可以出质：

（一）汇票、支票、本票；

（二）债券、存款单；

（三）仓单、提单；

（四）可以转让的基金份额、股权；

（五）可以转让的注册商标专用权、专利权、著作权等知识产权中的财产权；

（六）应收账款；

（七）法律、行政法规规定可以出质的其他财产权利。

第二百二十四条 以汇票、支票、本票、债券、存款单、仓单、提单出质的，当事人应当订立书面合同。质权自权利凭证交付质权人时设立；

没有权利凭证的,质权自有关部门办理出质登记时设立。

第二百二十五条 汇票、支票、本票、债券、存款单、仓单、提单的兑现日期或者提货日期先于主债权到期的,质权人可以兑现或者提货,并与出质人协议将兑现的价款或者提取的货物提前清偿债务或者提存。

第二百二十六条 以基金份额、股权出质的,当事人应当订立书面合同。以基金份额、证券登记结算机构登记的股权出质的,质权自证券登记结算机构办理出质登记时设立;以其他股权出质的,质权自工商行政管理部门办理出质登记时设立。

基金份额、股权出质后,不得转让,但经出质人与质权人协商同意的除外。出质人转让基金份额、股权所得的价款,应当向质权人提前清偿债务或者提存。

第二百二十七条 以注册商标专用权、专利权、著作权等知识产权中的财产权出质的,当事人应当订立书面合同。质权自有关主管部门办理出质登记时设立。

知识产权中的财产权出质后,出质人不得转让或者许可他人使用,但经出质人与质权人协商同意的除外。出质人转让或者许可他人使用出质的知识产权中的财产权所得的价款,应当向质权人提前清偿债务或者提存。

第二百二十八条 以应收账款出质的,当事人应当订立书面合同。质权自信贷征信机构办理出质登记时设立。

应收账款出质后,不得转让,但经出质人与质权人协商同意的除外。出质人转让应收账款所得的价款,应当向质权人提前清偿债务或者提存。

第二百二十九条 权利质权除适用本节规定外,适用本章第一节动产质权的规定。

第十八章 留置权

第二百三十条 债务人不履行到期债务,债权人可以留置已经合法占有的债务人的动产,并有权就该动产优先受偿。

前款规定的债权人为留置权人,占有的动产为留置财产。

第二百三十一条 债权人留置的动产,应当与债权属于同一法律关系,但企业之间留置的除外。

第二百三十二条 法律规定或者当事人约定不得留置的动产,不得留置。

第二百三十三条 留置财产为可分物的,留置财产的价值应当相当于债务的金额。

第二百三十四条 留置权人负有妥善保管留置财产的义务;因保管不善致使留置财产毁损、灭失的,应当承担赔偿责任。

第二百三十五条 留置权人有权收取留置财产的孳息。

前款规定的孳息应当先充抵收取孳息的费用。

第二百三十六条 留置权人与债务人应当约定留置财产后的债务履行期间;没有约定或者约定不明确的,留置权人应当给债务人两个月以上履行债务的期间,但鲜活易腐等不易保管的动产除外。债务人逾期未履行的,留置权人可以与债务人协议以留置财产折价,也可以就拍卖、变卖留置财产所得的价款优先受偿。

留置财产折价或者变卖的,应当参照市场价格。

第二百三十七条 债务人可以请求留置权人在债务履行期届满后行使留置权;留置权人不行使的,债务人可以请求人民法院拍卖、变卖留置财产。

第二百三十八条 留置财产折价或者拍卖、变卖后,其价款超过债权数额的部分归债务人所有,不足部分由债务人清偿。

第二百三十九条 同一动产上已设立抵押权或者质权,该动产又被留置的,留置权人优先受偿。

第二百四十条 留置权人对留置财产丧失占有或者留置权人接受债务人另行提供担保的,留置权消灭。

附录2：

中华人民共和国担保法

中华人民共和国主席令第五十号

颁布时间：1995-6-30 发文单位：全国人大常委会

（1995年6月30日第八届全国人民代表大会常务委员会第十四次会议通过）

第一章 总 则

第一条 为促进资金融通和商品流通，保障债权的实现，发展社会主义市场经济，制定本法。

第二条 在借贷、买卖、货物运输、加工承揽等经济活动中，债权人需要以担保方式保障其债权实现的，可以依照本法规定设定担保。

本法规定的担保方式为保证、抵押、质押、留置和定金。

第三条 担保活动应当遵循平等、自愿、公平、诚实信用的原则。

第四条 第三人为债务人向债权人提供担保时，可以要求债务人提供反担保。

反担保适用本法担保的规定。

第五条 担保合同是主合同的从合同，主合同无效，担保合同无效。担保合同另有约定的，按照约定

担保合同被确认无效后，债务人、担保人、债权人有过错的，应当根据其过错各自承担相应的民事责任。

第二章 保 证

第一节 保证和保证人

第六条 本法所称保证,是指保证人和债权人约定,当债务人不履行债务时,保证人按照约定履行债务或者承担责任的行为。

第七条 具有代为清偿债务能力的法人、其他组织或者公民,可以作保证人。

第八条 国家机关不得为保证人,但经国务院批准为使用外国政府或者国际经济组织贷款进行转贷的除外。

第九条 学校、幼儿园、医院等以公益为目的的事业单位、社会团体不得为保证人。

第十条 企业法人的分支机构、职能部门不得为保证人。

企业法人的分支机构有法人书面授权的, 可以在授权范围内提供保证。

第十一条 任何单位和个人不得强令银行等金融机构或者企业为他人提供保证;银行等金融机构或者企业对强令其为他人提供保证的行为,有权拒绝。

第十二条 同一债务有两个以上保证人的,保证人应当按照保证合同约定的保证份额,承担保证责任。没有约定保证份额的,保证人承担连带责任,债权人可以要求任何一个保证人承担全部保证责任,保证人都负有担保全部债权实现的义务。已经承担保证责任的保证人,有权向债务人追偿, 或者要求承担连带责任的其他保证人清偿其应当承担的份额。

第二节 保证合同和保证方式

第十三条 保证人与债权人应当以书面形式订立保证合同。

第十四条 保证人与债权人可以就单个主合同分别订立保证合同,

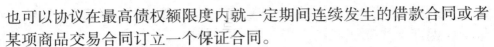

也可以协议在最高债权额限度内就一定期间连续发生的借款合同或者某项商品交易合同订立一个保证合同。

第十五条 保证合同应当包括以下内容：

（一）被保证的主债权种类、数额；

（二）债务人履行债务的期限；

（三）保证的方式；

（四）保证担保的范围；

（五）保证的期间；

（六）双方认为需要约定的其他事项。

保证合同不完全具备前款规定内容的，可以补正。

第十六条 保证的方式有：

（一）一般保证；

（二）连带责任保证。

第十七条 当事人在保证合同中约定，债务人不能履行债务时，由保证人承担保证责任的，为一般保证。

一般保证的保证人在主合同纠纷未经审判或者仲裁，并就债务人财产依法强制执行仍不能履行债务前，对债权人可以拒绝承担保证责任。

有下列情形之一的，保证人不得行使前款规定的权利：

（一）债务人住所变更，致使债权人要求其履行债务发生重大困难的；

（二）人民法院受理债务人破产案件，中止执行程序的；

（三）保证人以书面形式放弃前款规定的权利的。

第十八条 当事人在保证合同中约定保证人与债务人对债务承担连带责任的，为连带责任保证。

连带责任保证的债务人在主合同规定的债务履行期届满没有履行债务的，债权人可以要求债务人履行债务，也可以要求保证人在其保证范围内承担保证责任。

第十九条 当事人对保证方式没有约定或者约定不明确的,按照连带责任保证承担保证责任。

第二十条 一般保证和连带责任保证的保证人享有债务人的抗辩权。债务人放弃对债务的抗辩权的,保证人仍有权抗辩。

抗辩权是指债权人行使债权时,债务人根据法定事由,对抗债权人行使请求权的权利。

第三节 保证责任

第二十一条 保证担保的范围包括主债权及利息、违约金、损害赔偿金和实现债权的费用。保证合同另有约定的,按照约定。

当事人对保证担保的范围没有约定或者约定不明确的, 保证人应当对全部债务承担责任。

第二十二条 保证期间, 债权人依法将主债权转让给第三人的, 保证人在原保证担保的范围内继续承担保证责任。保证合同另有约定的, 按照约定。

第二十三条 保证期间, 债权人许可债务人转让债务的, 应当取得保证人书面同意, 保证人对未经其同意转让的债务, 不再承担保证责任。

第二十四条 债权人与债务人协议变更主合同的,应当取得保证人书面同意,未经保证人书面同意的,保证人不再承担保证责任。保证合同另有约定的,按照约定。

第二十五条 一般保证的保证人与债权人未约定保证期间的,保证期间为主债务履行期届满之日起六个月。

在合同约定的保证期间和前款规定的保证期间, 债权人未对债务人提起诉讼或者申请仲裁的,保证人免除保证责任;债权人已提起诉讼或者申请仲裁的,保证期间适用诉讼时效中断的规定。

第二十六条 连带责任保证的保证人与债权人未约定保证期间的,债权人有权自主债务履行期届满之日起六个月内要求保证人承担保证责任。

在合同约定的保证期间和前款规定的保证期间，债权人未要求保证人承担保证责任的,保证人免除保证责任。

第二十七条 保证人依照本法第十四条规定就连续发生的债权作保证,未约定保证期间的,保证人可以随时书面通知债权人终止保证合同,但保证人对于通知到债权人前所发生的债权,承担保证责任。

第二十八条 同一债权既有保证又有物的担保的,保证人对物的担保以外的债权承担保证责任。

债权人放弃物的担保的,保证人在债权人放弃权利的范围内免除保证责任。

第二十九条 企业法人的分支机构未经法人书面授权或者超出授权范围与债权人订立保证合同的,该合同无效或者超出授权范围的部分无效,债权人和企业法人有过错的,应当根据其过错各自承担相应的民事责任;债权人无过错的,由企业法人承担民事责任。

第三十条 有下列情形之一的,保证人不承担民事责任:

(一)主合同当事人双方串通,骗取保证人提供保证的;

(二)主合同债权人采取欺诈、胁迫等手段,使保证人在违背真实意思的情况下提供保证的。

第三十一条 保证人承担保证责任后,有权向债务人追偿。

第三十二条 人民法院受理债务人破产案件后,债权人未申报债权的,保证人可以参加破产财产分配,预先行使追偿权。

第三章 抵 押

第一节 抵押和抵押物

第三十三条 本法所称抵押,是指债务人或者第三人不转移对本法第三十四条所列财产的占有,将该财产作为债权的担保。债务人不履行债务时,债权人有权依照本法规定以该财产折价或者以拍卖、变卖该财产的价款优先受偿。

前款规定的债务人或者第三人为抵押人,债权人为抵押权人,提供担保的财产为抵押物。

第三十四条 下列财产可以抵押:

(一)抵押人所有的房屋和其他地上定着物;

(二)抵押人所有的机器、交通运输工具和其他财产;

(三)抵押人依法有权处分的国有的土地使用权、房屋和其他地上定着物;

(四)抵押人依法有权处分的国有的机器、交通运输工具和其他财产;

(五)抵押人依法承包并经发包方同意抵押的荒山、荒沟、荒丘、荒滩等荒地的土地使用权;

(六)依法可以抵押的其他财产。

抵押人可以将前款所列财产一并抵押。

第三十五条 抵押人所担保的债权不得超出其抵押物的价值。

财产抵押后,该财产的价值大于所担保债权的余额部分,可以再次抵押,但不得超出其余额部分。

第三十六条 以依法取得的国有土地上的房屋抵押的,该房屋占用范围内的国有土地使用权同时抵押

以出让方式取得的国有土地使用权抵押的,应当将抵押时该国有土地上的房屋同时抵押。

乡(镇)、村企业的土地使用权不得单独抵押。以乡(镇)、村企业的厂房等建筑物抵押的,其占用范围内的土地使用权同时抵押。

第三十七条 下列财产不得抵押:

(一)土地所有权;

(二)耕地、宅基地、自留地、自留山等集体所有的土地使用权,但本法第三十四条第(五)项、第三十六条第三款规定的除外;

(三)学校、幼儿园、医院等以公益为目的的事业单位、社会团体的教育设施、医疗卫生设施和其他社会公益设施;

(四)所有权、使用权不明或者有争议的财产;

（五）依法被查封、扣押、监管的财产；

（六）依法不得抵押的其他财产。

第二节　抵押合同和抵押物登记

第三十八条 抵押人和抵押权人应当以书面形式订立抵押合同。

第三十九条 抵押合同应当包括以下内容：

（一）被担保的主债权种类、数额；

（二）债务人履行债务的期限；

（三）抵押物的名称、数量、质量、状况、所在地、所有权权属或者使用权权属；

（四）抵押担保的范围；

（五）当事人认为需要约定的其他事项。

抵押合同不完全具备前款规定内容的，可以补正。

第四十条 订立抵押合同时，抵押权人和抵押人在合同中不得约定在债务履行期届满抵押权人未受清偿时，抵押物的所有权转移为债权人所有。

第四十一条 当事人以本法第四十二条规定的财产抵押的，应当办理抵押物登记，抵押合同自登记之日起生效。

第四十二条 办理抵押物登记的部门如下：

（一）以无地上定着物的土地使用权抵押的，为核发土地使用权证书的土地管理部门；

（二）以城市房地产或者乡（镇）、村企业的厂房等建筑物抵押的，为县级以上地方人民政府规定的部门；

（三）以林木抵押的，为县级以上林木主管部门；

（四）以航空器、船舶、车辆抵押的，为运输工具的登记部门；

（五）以企业的设备和其他动产抵押的，为财产所在地的工商行政管理部门。

第四十三条 当事人以其他财产抵押的，可以自愿办理抵押物登记，抵押合同自签订之日起生效。

当事人未办理抵押物登记的,不得对抗第三人。当事人办理抵押物登记的,登记部门为抵押人所在地的公证部门。

第四十四条 办理抵押物登记,应当向登记部门提供下列文件或者其复印件:

(一)主合同和抵押合同;

(二)抵押物的所有权或者使用权证书。

第四十五条 登记部门登记的资料,应当允许查阅、抄录或者复印。

第三节 抵押的效力

第四十六条 抵押担保的范围包括主债权及利息、违约金、损害赔偿金和实现抵押权的费用。抵押合同另有约定的,按照约定。

第四十七条 债务履行期届满,债务人不履行债务致使抵押物被人民法院依法扣押的,自扣押之日起抵押权人有权收取由抵押物分离的天然孳息以及抵押人就抵押物可以收取的法定孳息。抵押权人未将扣押抵押物的事实通知应当清偿法定孳息的义务人的,抵押权的效力不及于该孳息。

前款孳息应当先充抵收取孳息的费用。

第四十八条 抵押人将已出租的财产抵押的,应当书面告知承租人,原租赁合同继续有效。

第四十九条 抵押期间,抵押人转让已办理登记的抵押物的,应当通知抵押权人并告知受让人转让物已经抵押的情况;抵押人未通知抵押权人或者未告知受让人的,转让行为无效。

转让抵押物的价款明显低于其价值的,抵押权人可以要求抵押人提供相应的担保;抵押人不提供的,不得转让抵押物。

抵押人转让抵押物所得的价款,应当向抵押权人提前清偿所担保的债权或者向与抵押权人约定的第三人提存。超过债权数额的部分,归抵押人所有,不足部分由债务人清偿。

第五十条 抵押权不得与债权分离而单独转让或者作为其他债权的担保。

第五十一条 抵押人的行为足以使抵押物价值减少的,抵押权人有权要求抵押人停止其行为。抵押物价值减少时,抵押权人有权要求抵押人恢复抵押物的价值,或者提供与减少的价值相当的担保。

抵押人对抵押物价值减少无过错的,抵押权人只能在抵押人因损害而得到的赔偿范围内要求提供担保。抵押物价值未减少的部分,仍作为债权的担保。

第五十二条 抵押权与其担保的债权同时存在,债权消灭的,抵押权也消灭。

第四节 抵押权的实现

第五十三条 债务履行期届满抵押权人未受清偿的,可以与抵押人协议以抵押物折价或者以拍卖、变卖该抵押物所得的价款受偿;协议不成的,抵押权人可以向人民法院提起诉讼。

抵押物折价或者拍卖、变卖后,其价款超过债权数额的部分归抵押人所有,不足部分由债务人清偿。

第五十四条 同一财产向两个以上债权人抵押的,拍卖、变卖抵押物所得的价款按照以下规定清偿:

(一)抵押合同以登记生效的,按照抵押物登记的先后顺序清偿;顺序相同的,按照债权比例清偿;

(二)抵押合同自签订之日起生效的,该抵押物已登记的,按照本条第(一)项规定清偿;未登记的,按照合同生效时间的先后顺序清偿,顺序相同的,按照债权比例清偿。抵押物已登记的先于未登记的受偿。

第五十五条 城市房地产抵押合同签订后,土地上新增的房屋不属于抵押物。需要拍卖该抵押的房地产时,可以依法将该土地上新增的房屋与抵押物一同拍卖,但对拍卖新增房屋所得,抵押权人无权优先受偿。

依照本法规定以承包的荒地的土地使用权抵押的,或者以乡(镇)、村企业的厂房等建筑物占用范围内的土地使用权抵押的,在实现抵押权后,未经法定程序不得改变土地集体所有和土地用途。

第五十六条 拍卖划拨的国有土地使用权所得的价款，在依法缴纳相当于应缴纳的土地使用权出让金的款额后，抵押权人有优先受偿权。

第五十七条 为债务人抵押担保的第三人，在抵押权人实现抵押权后，有权向债务人追偿。

第五十八条 抵押权因抵押物灭失而消灭。因灭失所得的赔偿金，应当作为抵押财产。

第五节 最高额抵押

第五十九条 本法所称最高额抵押，是指抵押人与抵押权人协议，在最高债权额限度内，以抵押物对一定期间内连续发生的债权作担保。

第六十条 借款合同可以附最高额抵押合同。

债权人与债务人就某项商品在一定期间内连续发生交易而签订的合同，可以附最高额抵押合同。

第六十一条 最高额抵押的主合同债权不得转让。

第六十二条 最高额抵押除适用本节规定外，适用本章其他规定。

第四章 质 押

第一节 动产质押

第六十三条 本法所称动产质押，是指债务人或者第三人将其动产移交债权人占有，将该动产作为债权的担保。债务人不履行债务时，债权人有权依照本法规定以该动产折价或者以拍卖、变卖该动产的价款优先受偿。

前款规定的债务人或者第三人为出质人，债权人为质权人，移交的动产为质物。

第六十四条 出质人和质权人应当以书面形式订立质押合同。

质押合同自质物移交于质权人占有时生效。

第六十五条 质押合同应当包括以下内容：

（一）被担保的主债权种类、数额；

（二）债务人履行债务的期限；

（三）质物的名称、数量、质量、状况；

（四）质押担保的范围；

（五）质物移交的时间；

（六）当事人认为需要约定的其他事项。

质押合同不完全具备前款规定内容的，可以补正。

第六十六条 出质人和质权人在合同中不得约定在债务履行期届满质权人未受清偿时，质物的所有权转移为质权人所有。

第六十七条 质押担保的范围包括主债权及利息、违约金、损害赔偿金、质物保管费用和实现质权的费用。质押合同另有约定的，按照约定。

第六十八条 质权人有权收取质物所生的孳息。质押合同另有约定的，按照约定。

前款孳息应当先充抵收取孳息的费用。

第六十九条 质权人负有妥善保管质物的义务。因保管不善致使质物灭失或者毁损的，质权人应当承担民事责任。

质权人不能妥善保管质物可能致使其灭失或者毁损的，出质人可以要求质权人将质物提存，或者要求提前清偿债权而返还质物。

第七十条 质物有损坏或者价值明显减少的可能，足以危害质权人权利的，质权人可以要求出质人提供相应的担保。出质人不提供的，质权人可以拍卖或者变卖质物，并与出质人协议将拍卖或者变卖所得的价款用于提前清偿所担保的债权或者向与出质人约定的第三人提存。

第七十一条 债务履行期届满债务人履行债务的，或者出质人提前清偿所担保的债权的，质权人应当返还质物。

债务履行期届满质权人未受清偿的，可以与出质人协议以质物折价，也可以依法拍卖、变卖质物。

质物折价或者拍卖、变卖后，其价款超过债权数额的部分归出质人所有,不足部分由债务人清偿。

第七十二条 为债务人质押担保的第三人，在质权人实现质权后，有权向债务人追偿。

第七十三条 质权因质物灭失而消灭。因灭失所得的赔偿金,应当作为出质财产。

第七十四条 质权与其担保的债权同时存在,债权消灭的,质权也消灭。

第二节 权利质押

第七十五条 下列权利可以质押：
(一)汇票、支票、本票、债券、存款单、仓单、提单；
(二)依法可以转让的股份、股票；
(三)依法可以转让的商标专用权,专利权、著作权中的财产权；
(四)依法可以质押的其他权利。

第七十六条 以汇票、支票、本票、债券、存款单、仓单、提单出质的,应当在合同约定的期限内将权利凭证交付质权人。质押合同自权利凭证交付之日起生效。

第七十七条 以载明兑现或者提货日期的汇票、支票、本票、债券、存款单、仓单、提单出质的,汇票、支票、本票、债券、存款单、仓单、提单兑现或者提货日期先于债务履行期的，质权人可以在债务履行期届满前兑现或者提货，并与出质人协议将兑现的价款或者提取的货物用于提前清偿所担保的债权或者向与出质人约定的第三人提存。

第七十八条 以依法可以转让的股票出质的,出质人与质权人应当订立书面合同,并向证券登记机构办理出质登记。质押合同自登记之日起生效。

股票出质后，不得转让，但经出质人与质权人协商同意的可以转让。出质人转让股票所得的价款应当向质权人提前清偿所担保的债权或者向与质权人约定的第三人提存。

以有限责任公司的股份出质的,适用公司法股份转让的有关规定。质押合同自股份出质记载于股东名册之日起生效。

第七十九条 以依法可以转让的商标专用权,专利权、著作权中的财产权出质的,出质人与质权人应当订立书面合同,并向其管理部门办理出质登记。质押合同自登记之日起生效。

第八十条 本法第七十九条规定的权利出质后,出质人不得转让或者许可他人使用,但经出质人与质权人协商同意的可以转让或者许可他人使用。出质人所得的转让费、许可费应当向质权人提前清偿所担保的债权或者向与质权人约定的第三人提存。

第八十一条 权利质押除适用本节规定外,适用本章第一节的规定。

第五章 留 置

第八十二条 本法所称留置,是指依照本法第八十四条的规定,债权人按照合同约定占有债务人的动产,债务人不按照合同约定的期限履行债务的,债权人有权依照本法规定留置该财产,以该财产折价或者以拍卖、变卖该财产的价款优先受偿。

第八十三条 留置担保的范围包括主债权及利息、违约金、损害赔偿金、留置物保管费用和实现留置权的费用。

第八十四条 因保管合同、运输合同、加工承揽合同发生的债权,债务人不履行债务的,债权人有留置权。

法律规定可以留置的其他合同,适用前款规定。

当事人可以在合同中约定不得留置的物。

第八十五条 留置的财产为可分物的,留置物的价值应当相当于债务的金额。

第八十六条 留置权人负有妥善保管留置物的义务。因保管不善致使留置物灭失或者毁损的,留置权人应当承担民事责任。

第八十七条 债权人与债务人应当在合同中约定,债权人留置财产后,债务人应当在不少于两个月的期限内履行债务。债权人与债务人在合同中未约定的,债权人留置债务人财产后,应当确定两个月以上的期限,通知债务人在该期限内履行债务。

债务人逾期仍不履行的,债权人可以与债务人协议以留置物折价,也可以依法拍卖、变卖留置物。

留置物折价或者拍卖、变卖后,其价款超过债权数额的部分归债务人所有,不足部分由债务人清偿。

第八十八条 留置权因下列原因消灭：

(一)债权消灭的；

(二)债务人另行提供担保并被债权人接受的。

第六章 定 金

第八十九条 当事人可以约定一方向对方给付定金作为债权的担保。债务人履行债务后,定金应当抵作价款或者收回。给付定金的一方不履行约定的债务的,无权要求返还定金；收受定金的一方不履行约定的债务的,应当双倍返还定金。

第九十条 定金应当以书面形式约定。当事人在定金合同中应当约定交付定金的期限。定金合同从实际交付定金之日起生效。

第九十一条 定金的数额由当事人约定,但不得超过主合同标的额的百分之二十。

第七章 附 则

第九十二条 本法所称不动产是指土地以及房屋、林木等地上定着物。

本法所称动产是指不动产以外的物。

第九十三条 本法所称保证合同、抵押合同、质押合同、定金合同可以是单独订立的书面合同,包括当事人之间的具有担保性质的信函、传真等,也可以是主合同中的担保条款。

第九十四条 抵押物、质物、留置物折价或者变卖,应当参照市场价格。

第九十五条 海商法等法律对担保有特别规定的,依照其规定。

第九十六条 本法自 1995 年 10 月 1 日起施行。